science

統計学に頼らない データ分析「超」入門

ポイントは「データの見方」と
「目的・仮説思考」にあり！

柏木吉基

SB Creative

著者プロフィール

柏木吉基（かしわぎ よしき）

データ&ストーリー代表。多摩大学大学院 ビジネススクール客員教授。横浜国立大学非常勤講師。実践的データ分析とロジカルシンキングを武器にした課題解決家。慶應義塾大学理工学部卒業後、日立製作所にて海外向けセールスエンジニア。2003年、米国にてMBAを取得後、日産自動車へ。海外マーケティング&セールス部門、組織開発部ビジネス改革マネージャなどを歴任。2014年10月独立。グローバル組織の中で、数多くの経営課題の解決、社内変革プロジェクトのパイロットを務める。豊富な実務経験と実績にもとづいた実践的研修・コンサルができる唯一の講師として高い定評がある。おもな著書に、『それ、根拠あるの？と言わせないデータ・統計分析ができる本』（日本実業出版社）、『それちょっと、数字で説明してくれる？と言われて困らない できる人のデータ・統計術』（弊社）、『Excelで学ぶ意思決定論』（オーム社）、『明日からつかえるシンプル統計学』『人は勘定より感情で決める』（技術評論社）などがある。

HP：http://www.data-story.net

本文デザイン・アートディレクション：株式会社 エストール

校正：市原達也

好評発売中!!

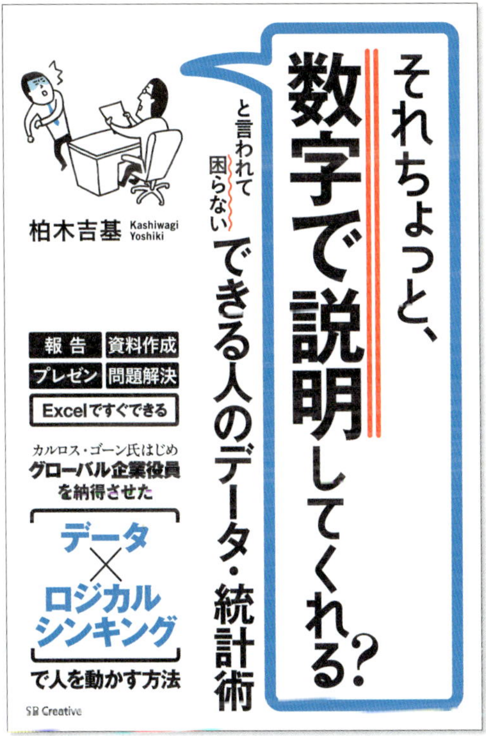

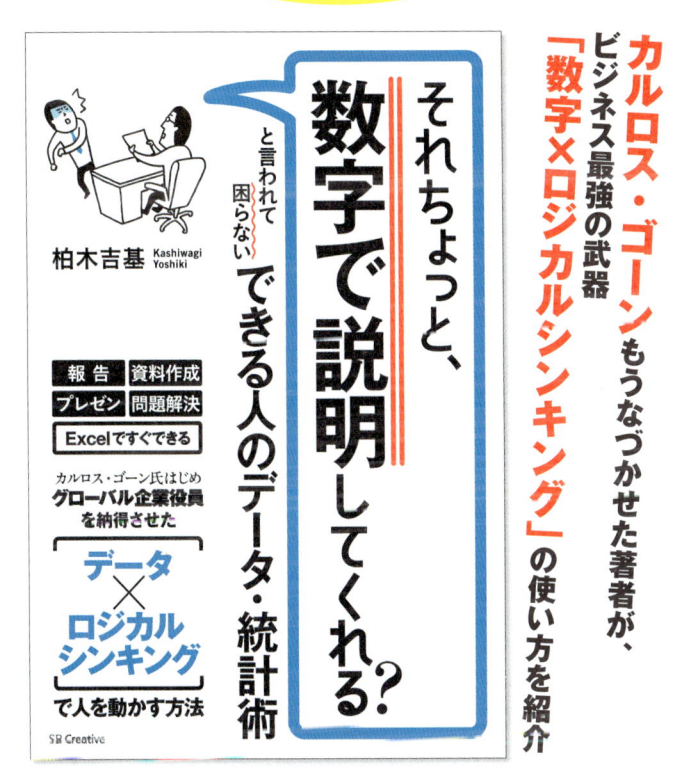

カルロス・ゴーンもうなづかせた著者が、
ビジネス最強の武器
「数字×ロジカルシンキング」の使い方を紹介

『それちょっと、数字で説明してくれる？と言われて困らないできる人のデータ・統計術』

柏木吉基　価格：1,400円＋税

序章　それ、ちょっと数字で説明してくれる？ ってどういうこと？
第1章　数字やデータで考えるための「ロジカルシンキング」
第2章　現状を知り、「課題」（What）を特定する
第3章　データで「なぜ問題が起こっているのか」（Why）を確認する
第4章　結果を伝える

統計学に頼らないデータ分析「超」入門

ポイントは「データの見方」と「目的・仮説思考」にあり!

CONTENTS

Product F
Product F
Product F
Jan Feb Mar Apr May Jun Jul Aug Sep Oct Nov Dec
20XX

CONTENTS

キャラクター紹介

マリ：3人だけの課を実質仕切っている姉御肌のOL。課長を叱咤激励しつつ、後輩のヨーコを厳しく指導しなければならないという立ち位置を、大変ながらも本人は意外と気に入っている。リケジョなので、データ分析は得意中の得意。

課長：人柄は温厚だが、プレゼンの資料づくりは2人の部下に任せっきり。なので今回、上司からきちんとデータ分析をしたプレゼン資料を命じられ途方に暮れてしまい、いつもどおり2人に丸投げしようとするものの……。

ヨーコ：少し天然系が入った新人OL。頼りない課長のもとで、なんとか課を運営している姉御肌のマリを尊敬し、厳しい指導にも必死でついていこうとしている。とはいえ文系出身なので、データ分析のレクチャーを受けている最中に眠くなってしまうことも……。

データ分析はなんのためにするの？

「データ分析ができるようになりたい」「データ分析の基礎の基礎を知りたい」と思う人は、どこからなにを始めればよいのでしょうか？　本屋に行けば、データ分析や統計の本はいくらでも手に入ります。ではこれらを次から次に読みあされば、いつかは「データ分析ができる人」になっているのでしょうか？

はい、そうかもしれませんが、実は非常に遠回りの非効率なアプローチをしているかもしれません。なぜかといえば、その本人が「データ分析」の全体像と、自分がまず目指したい（達成したい）内容が具体的になっていないことが多いからです。すると、とり

あえず目についたものから手をつけていき、相当な時間とお金をムダにした結果、「結局、これってどう使えるんだっけ？」ということになりかねません。

そのためにも、まずは「データ分析」でなにをしたいのか？　を自分なりにいったん整理、確認することから始めてみてはいかがでしょうか？

そもそも「データ分析」とはどんなことをするためのものなのでしょう。

もちろん、どんな場面でどんな人が使うかによって、個々の具体的な最終目的は違います。ただし、一般論として次のことがいえます。

(1) 自分の知りたいことを“数字（データ）”という客観的なものを使って確認する

(1-1) 主観的な結論を客観的な結論に変える

「なんとなくこうではないかと思う」ことも、そのままでは主観的な感想にすぎません。“主観”を“客観”に変えるためには、客観的な情報や事実を集めて証拠とする必要があります。その情報の有力候補として数字やデータが力を発揮するのです。なぜなら、人の感覚というのは、ときに曖昧で、間違った姿をとらえてしまうことがあります。

一方数字そのものは、人間の感情やバイアスを挟みにくいため、ありのままの姿を示すからです。

(1-2) 情報（データ）を、人がわかりやすい形に変える

データの数にもよりますが、人には情報をそのままの形で処理できる限界があります。

たとえば、10店舗のお店の日々の売上データが1カ月分(31日分)並んでいたとしましょう。なにも加工せずにここから意味のある情報を読み取ってください、と言われたらどうでしょう？　この310個(10店舗×31日)の数字の羅列をじっと眺めていても、一向になにも見えてこないはずです。

	店舗1	店舗2	店舗3	店舗4	店舗5	店舗6	店舗7	店舗8	店舗9	店舗10
1日	202	161	218	120	213	127	174	36	178	66
2日	217	205	240	78	38	245	75	248	135	224
3日	54	110	214	155	173	67	28	170	73	25
4日	159	108	177	39	90	162	29	195	214	68
5日	121	63	68	36	59	183	95	51	39	91
6日	91	209	164	148	197	234	246	129	211	23
7日	109	46	75	122	199	150	116	178	191	172
8日	94	73	90	40	195	31	37	242	166	127
9日	140	225	42	94	225	39	105	28	82	134
10日	35	62	224	110	131	72	139	76	99	213
11日	92	22	201	89	142	191	62	107	73	36
12日	150	76	226	56	54	142	151	109	208	230
13日	84	248	82	165	203	180	24	237	184	48
14日	117	188	125	193	207	229	30	186	247	107
15日	177	231	188	129	117	78	182	102	187	84
16日	243	83	211	23	119	166	57	106	29	83
17日	204	189	194	196	235	144	210	247	68	244
18日	102	80	45	79	114	46	187	195	151	25
19日	72	97	89	234	64	167	143	21	206	178
20日	119	79	178	224	62	23	247	183	142	173
21日	245	121	132	80	200	226	67	48	41	220
22日	76	30	239	72	196	64	196	146	145	223
23日	125	186	192	131	126	169	48	77	42	42
24日	91	92	56	52	158	62	39	105	59	191
25日	213	181	215	57	192	177	60	67	204	214
26日	71	97	180	89	240	37	145	196	135	75
27日	180	205	191	36	124	125	90	169	181	131
28日	199	233	182	94	236	137	47	212	227	176
29日	131	232	66	250	35	159	46	105	94	32
30日	107	73	222	247	76	87	56	22	130	29
31日	208	124	39	155	104	230	139	164	109	184

でも、これらの数字をなにかしらの指標（たとえば、店舗ごとの1日平均値）に集約して示せば、その大小を店舗間で比較し、どの店舗が平均値としてもっとも売れているかといった情報がすぐにわかります。

(2) 新たなことを発見する

最初から「自分の知りたいこと」がすべて明確で具体的な場合だけとはかぎりません。通常、一般実務の世界では、なにかしら具体的な課題や目的があり、そのためにデータ（分析）を使うことが圧倒的に多いと思いますが、より一般的なデータ分析の目的としては、自分がいま知らない情報を新たに得られるかもしれない、という期待のもとに行う場合もあります。

この場合には、とりあえずいろいろな角度からデータを眺められるようにグラフや統計手法に頼って、データを加工し、その結果からなにかしらの知見を得ようとします。当然、「知りたいこと」が最初にありきのアプローチに比べると、目的を達成する可能性と効率は下がります（適切な分析やデータがなにかわからずに作業に入るため、なにも得られないという結果になる可能性が高いためです）。

ではいま一度、この一般論に照らしあわせて、みなさんは「なにをしたくてデータ分析をするのか」を再度確認してみてください。できるだけ“具体的に”です。それがはっきりもてればもてるほど、「自分はなにを知って、それをどこでどう使うのか」を意識しながらスキルや知識を吸収できるからです。これなくして、「とりあえず次から次へと」データ分析スキルに関するものを習得しよう、という発想はいったん捨ててしまいましょう。そのほうが早く目的に達成できます。そして、小さな目的達成を積み重ねることで、データ分析の実力も、レベルも徐々に積み上げていくことが可能になります。

本書は、そのための第一歩をサポートすることを目的にしています。いままでデータ分析というと自己流でなんとかやってきた、もしくはどこからどう手をつけてよいのかがわからない、といった人に、

「まずはこのように考えてみてください。それができるようになったら、次のレベルの本を手に取って先に進んでみてください」

というメッセージをお伝えできればと考えています。

そもそもデータ分析をするってどういうこと？

「データ分析をする」「データを仕事に活かす」といった言葉を聞いてみなさんはどんなことをイメージするでしょうか？

・高度なITシステムが、大量のデータを瞬時に分析して最適な答えがディスプレイ上に表示される姿
・大学の統計学の先生が教える難しい公式と理論に学生が四苦八苦している姿
・業績レポートにいつもアップデートされている、折れ線グラフや棒グラフや表 など

おそらく、置かれた立場や過去の経験、知識、データ分析を使う目的などによって具体的なイメージはさまざまだろうと思います。実際に、「データ分析」が指す範囲は曖昧なだけにいくらでも広くとらえることができます。

では、「データ分析」について、その目的レベルに応じた概要を見てみましょう。

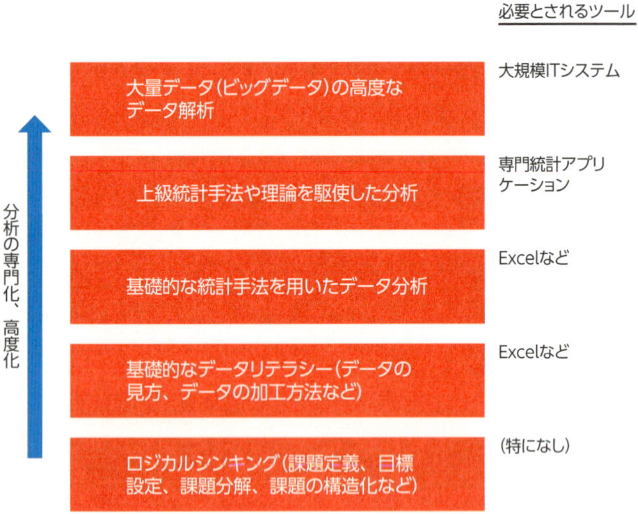

この図は、上に行くほど、データ分析によって実現したい目的のレベルが高くなります。そのぶん、その専門性も高まり、必要な知識やツールも高度化していきます。個人のデータ分析スキル習得という観点からいうと、この途中の階層(レベル)からいきなりスタートすることは得策とは思えません。なぜなら、これらの層はそれぞれが独立しているのではなく、下からの積み上げで成り立っているため、下の層ができるようなっていないにも関わらず、いきなり上の層にチャレンジというのは、クリアしなくてはいけない壁が高すぎるからです。

いきなり、職場に高度なビッグデータ解析システムが導入されたり、高度な統計分析ができるアプリケーションをインストールして使ってみたりしたものの、使い手のスキルやリテラシーが十分でないために宝のもちぐされとなっている例は枚挙に暇がなく、この失敗の典型例ともいえるでしょう。

では、どのような順で「データ分析」を身につけていけばよいのでしょうか？

(1) ロジカルシンキング（課題定義、目標設定、課題分解、課題の構造化など）

まず、どのような分析であっても、その目的や課題を適切に設定することで、「なんのためになにを知りたいのか」というポイントを明確にします（図中いちばん下の階層です）。これが明確になることで、どんなデータや手法を使って、なにを結論として引きだせばよいのかがはっきりします。そのほか、大きな課題を適切な大きさに分解することで、より具体的な必要データやゴールを定義することなどもできます。いわゆるロジカルシンキングや課題解決といった領域の話だと思いますが、これはいかなるレベルの分析であっても必要なことです。

本書では、この点について深くは触れませんが、ぜひとも
『「データ」と「分析方法」だけがそろえば、誰でも確実に適切な答えが得られるんだよね』
ということはない、という事実は覚えておいてほしいところです。

たとえば、「売上が落ちたのは、商品の魅力が落ちたからだ」という課題について、競合の商品力データを集めて、それとの比較によって掘り下げようとします。確かに、そのデータを掘り下げることでなにかしらの発見があるかもしれませんが、本当の売上減の要因はもっと違うところにあったとすれば、このアプローチをしても永遠に気づくことがありません。本来は「なぜ売上が落ちたのか」という点に課題を設定しなくてはならなかったといえます。

これは、「データ分析」や「データ」そのものの問題ではなく、スタート地点の課題をどう設定するか、という考え方の問題です。

スタート地点で進む方向を間違えると、いくら十分なトレーニングを積んだ健脚ランナー（データ分析手法の知識が豊富に相当）で、最新式のランニングシューズとサングラスを備えて（最新式のシステムやアプリケーションに相当）いても、たどり着くゴールが違ったり、ゴールに相当遠回りしてたどり着くことになるのと同じです。

まず「なんのためになにを知りたいのか」を明確にしましょ!!
ロジカルシンキング
○課題定義
○目標設定
○課題分解
○課題の構造化 など
ふむふむ

(2) 基礎的なデータリテラシー(データの見方、データの加工方法など)

次の層は、いわゆる「データリテラシー」と呼ばれるものです。データさえ使えば、誰がやっても同じ正確な答えが得られるとはかぎりません。わかりやすい例では、来店客数が減った理由を調べるために、過去の顧客データを分析するとします。ある分析者はできるだけ近い時点のデータが適切と考えて、過去3カ月分のデータを使うかもしれません。一方、違う分析者は、できるだけ多くのデータを使ったほうが精度がよいと考え、過去1年分のデータを使うかもしれません。仮に同じ分析手法を使ったとしても、インプットとなるデータ(の範囲)が異なるだけで、その結果にも違いがでてきます。

また、来店者減の要因を探るためには、どんなデータを掘り下げてみればよいかというのも、分析者の裁量にかかっています。ある分析者は、年齢層で分けて分析しようと考えるかもしれませんが、ほかの分析者は、交通手段(どこからきたのか)で分類して掘り下げようとするかもしれません。これも分析者の裁量です。また、これらのデータを折れ線グラフで示すのか、表にまとめるのかといった表示方法の違いでも見えてくるものが変わってくるでしょう。

このように、「どのデータを使用して、どう加工するのが適切なのか」というデータリテラシーが基礎的なスキルとして求められます。実は、このポイントを押さえるだけで、すでに多くの情報をデータから取りだすことができます。

つまり、「分析のやり方」を知っていることよりも

「データの見方」

を知っていることだけで、解決できる問題や達成できるゴールは非常に多いのです。

そして、多くの基礎的な課題解決や目的達成を実現できるだけでなく、このスキルがその先のいわゆる“統計解析”や“データサイエンス”にも絶対的に必要となる基礎となるのです。

本書はこの層にフォーカスして、その考え方や見方を学んでもらうことが目的です。

次に「どのデータを使用して、どう加工するのが適切なのか」が求められるの!!
基礎的なデータリテラシー
○データの見方
○データの加工方法 など
え?

(3) 基礎的な統計手法を用いたデータ分析

おもにExcelの標準機能を使った、基礎的な統計分析です。具体的には、相関分析や回帰分析と呼ばれる分析などを含みます。たんにデータを加工してそこから見えるものを解読するのではなく、データとデータの間の関係性を統計理論にもとづいた指標で数値化したりします。Excelを使い、手軽に価値ある情報を引きだせるという意味で、非常におすすめではありますが、本書はそこまでを対象とはせず、数値化しないまでも、視覚的にそれに近い情報を得られることを目標としたいと思います。具体的には第3章でその考え方をお伝えします。

(4) 上級統計手法や理論を駆使した分析

この層に含まれる分析には、Excelの標準機能では扱えないような高度な分析手法が含まれます。統計や分析の本を開くと紹介されていることも多いのですが、「重回帰分析」「因子分析」「クラスター分析」などが有名です。多くは、その理屈や理論をある程度知らないと扱えず、それを数学的に理解しようとすればそれなりの学問的基礎知識が必要です。それらをすっ飛ばして、専門のアプリケーションで誰でも答えを求められます、というものも存在しますが、「どうしてそうなったのか」「その答えは本当に信頼して使っていいのか」「自分のやり方や使い方は間違っていなかったのか」など、本質的な部分を分析者本人がまったくつかめていない状態で、アプリケーションがだした答えにどれだけの意味があるのか、と私は思っています。実務的な観点からは、組織や部署にて共有されていないアプリケーションをひと握りの人だけが活用してだした分析結果は、組織的に活用することが難しいのも実情です。アプリケーションがないとデータが共有できない、人が（異動や転職で）変わるとそのアプリケーションを使える人がいなくなる、ほかの人はどうしてその答えがでてきたのか、その答えをどう解釈すればよいのかわからずに結果だけを見せられる、という状況になるからです。

　これらの技術やツールに頼ることを全否定しているのではなく、これらを適切に活用するには、それなりの環境やバックグランドがそろっていないと難しいと思います。一方、非常にかぎられた専門チームの中で活用するような場合には、よりスムーズに導入や活用ができると思います。

(5) 大量データ（ビッグデータ）の高度なデータ解析

基本的に(4)で述べたことと同じです。違いは、大容量のデータを扱うため、一定規模以上のシステム投資がともなうケースです。事業そのものが「データ分析」である、ような場合には必要な投資だと思います。またそこに所属する人はそれを使いこなすスキルが求められることでしょう。ただ、世の中全体から見ればそれは「専門家のお仕事」という範疇であることには変わりありません。経理で会社の財務諸表を完成させる仕事をしている人（専門家）には、会計基準を熟知した連結決算のスキルが必須なのと同じです。でもそのほかの部署の人には、そこまでの知識や技術は必要なく、より原則的な会計の仕組みを知っていれば業務上十二分に事足ります。これと同じことが、データ分析にもあてはまるということです。

このように、自分はどのレベルでなにをしたいのか、を十分把握しておくことが、情報に振り回され、あれもこれも手をだして結局なにも得られなかったという事態を避けるための第一歩です。

一般実務でのデータ分析とデータサイエンスとの違い

本書の対象読者は、データ分析専門家（いわゆるデータサイエンティスト）ではなく、一般実務でデータ分析ができるようになりたい入門者です。この違いが明確に語られることは少なく、誰もがデータサイエンティストになるべきだと錯覚してしまうようなメッセージもたまに見られることから、ここで一度そのおもな違いについて見てみましょう。

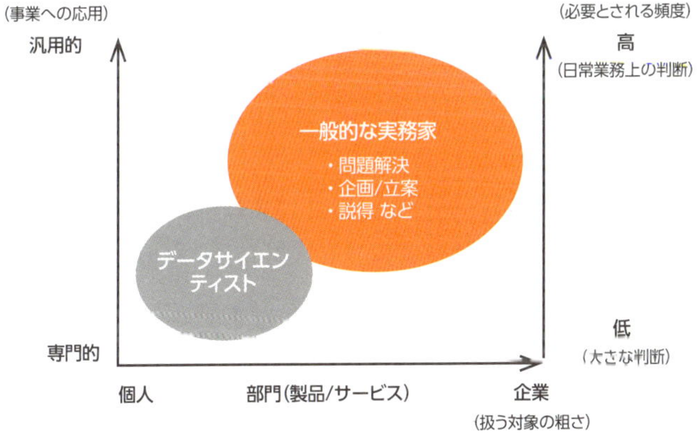

図は3つの軸によるイメージを表しています。楕円の面積は、世の中の「データサイエンティスト」と呼ばれる専門家と、その他「一般的な実務家」の人数の多さの違いを表そうとしているのですが、実際にはもっと両者の差は圧倒的なはずです。

左の軸は、対象とする課題や目的の専門性です。当然データサイエンティストは、より専門的な分析課題を扱うことが多く、どんな領域のどんなレベルの課題でも対応する（汎用的）のが一般実務家です。

下の横軸に目を向けると、扱うデータの細かさレベルの違いを表しています。特にビッグデータと呼ばれる巨大なデータには、個人の購買記録や行動特性など、個人レベルの情報を扱うことが多い一方、日常的な実務では、自社の製品の販売実績、他社の動向など、より“粗い”切り口での分析で、全体の傾向や方向性を把握するようなことが多いはずです。

最後に、右側の縦軸では、分析という業務がどのくらいの頻度、スピード感で回される必要があるかを示しています。つまり、日常の業務でデータ（分析）を使いたいという人は、たとえば、来週の提案に向けて、今週中に部長の承認を取る必要があるので、分析結果は明日の正午までに必要、といったスピードの中で仕事を回しているはずです。分析は常に1回でほしい結論にたどり着くとはかぎらず、むしろ何度もトライアンドエラーを繰り返すことでなんとか、目的に近い結果が得られることのほうが多いのです。すると、1回の分析結果を得るのに時間がかかりすぎることが致命的であることは明白です。

本書で扱う分析は、Excelの基本操作さえ知っていれば、少なくとも1つの分析を行うのにほとんど時間がかからないものばかりです。それはたんに「楽で簡単だから」というだけでなく、実務の現場ではそのスピードで回していくという条件を満たすために必須だからなのです。一方、データサイエンティストが行う専門的な分析は、分析内容によりますが、大規模な商品投資のための判断や、会社規模での新規事業進出の是非など、時間とお金をかけて十二分な情報を掘り下げる場合などに適しています。むしろ10秒でだせたデータ分析結果でそのような判断をする人はいません。

このように、目的やレベルによって、必要なこと、やるべきことが異なることをしっかり認識したうえで、自分が必要なのはどちらなのかを判断できれば、「知るべきこと」「やるべきこと」のフォーカスがより明確になることでしょう。

データ分析と“統計”の違い

「データ分析をするには、“統計”を学んで使わないといけないのだろうか」

これもよく聞くわりに、いまだに多くの人が共通理解に至っていないポイントではないでしょうか。これをはっきりさせるには、まず厳密な「統計」の範囲を規定しないといけないのですが、本書ではその厳密性にはあまりこだわらず、誰もが「“統計”の範囲だ」と考えるものは、使わないでどれだけのことがデータから絞りだせるかに挑戦します。

たんに挑戦を楽しむだけではなく、それ自体が、データから情報を取りだすことのすべてのベースになると確信しているからです。個別の統計手法、分析手法を学ぶことはそれからでも十分可能であることはすでに紹介したとおりです。

ちなみに、厳密にはデータの“合計”を取ることや、“平均値”を計算することも、たとえば平均値とは統計指標の1つであると定義すれば「統計」の範囲と考えられます（実際、厳密にはそういう定義だと思います）。では、表にまとめるという行為はどうでしょうか？　統計の定義を「データを加工する」というところまで広げれば、統計の対象かもしれません。ではグラフ化は？

いろいろありますが、本書では以下の手法を、いわゆる“統計”とは別な基礎的なデータ操作手法として使います。逆にいえば、それ以上の高度な手法はあえて使いません。

- 平均
- 中央値
- 標準偏差
- 折れ線グラフ
- 棒グラフ
- 円グラフ
- 散布図
- クロス集計表

どれを使ったら
いいものやら……

もう使っている手法も
あるわけだから、
この本で再確認
していきましょう!!

これらすべて、もしくは一部をすでに日常業務で使われている人も多いと思います。そのような場合でも、特に本書の第1部で、再度その手法はどのような目的でどのように活用できるのかを再確認いただければと思います。また、第2部では、手法そのものに頼るのではなく、データの見方や考え方1つで、どれだけの情報が引きだせるのかという点に着目いただければと思います。

第1部 第1章

データを見る視点

データを扱ううえでもっとも基本となるのが
「データをどう見るのか」という視点です。
与えられたデータをそのまま使うだけでは、
有効な情報が引きだせません。データリテラシーの
第一歩をここで学びましょう。

本章では、すべてのデータ分析に共通して必要とされる、データの見方について紹介します。

データを扱うリテラシーのもっとも基本となることは、次の4つです。

1) そもそもどのデータを使う（選択する）のか
2) データをどう分解するか
3) データをどう集約するか
4) どの範囲のデータを使うか

データを扱うにあたり、
まずこの4つのリテラシーを
頭にたたきこみなさい!!
そうだよ!
もう少しやさしく
教えてほしいなぁ
い、いきなりプレッシャーを
与えなくても……

どのデータを使うのか
～データ選択の視点～

データ分析をする最初の意思決定場面は、「どのデータを使うのがよいのか」でしょう。実務の世界では、すでに課題や目的に直結したデータが与えられていたり、そもそも入手可能なデータがかぎられているため、選択の余地がない、という状況のほうが多いかもしれません。

正論をいえば、解きたい課題やゴールをどのような数値で示すことができるか、すなわちゴールを定量化することから始めます。たとえば、「お客様の満足を高めたい」という目的があったとします。でも、これだけでは「データ」には落とし込まれていません。すぐに思いつく指標としては「お客様満足度」ではないでしょうか。もしそのデータがあれば、目的と直接結びつくデータなので、使えばよいのですが、かならずしも「お客様満足度データ」がすぐにある状況ばかりとはかぎりません。

すると、「お客様満足」を示すほかの指標はなにか、を考えなくてはなりません。ドンピシャリで「お客様満足」と結びついているものではなくとも、そこになにかしらの因果関係、結びつきがあると思われるものを考えだすことをしないと、先に進めません。「うちには“お客様満足度データ”なんてないのでできません！」といってあきらめてしまう人も少なくないのですが、そこは頭をもっとやわらかく、完璧を目指さなくとも、次点を目指すという発想で代替えデータを探せるのが、じょうずなデータ分析者といえます。

この例でいえば、「お客様の満足」のバロメーターの1つとなりえる指標を考えてみます。すると、それは「売上」に現れているかもしれませんし、「クレーム数」や「クレーム内容」に反映されているかもしれません。いずれも、この時点では、本当にそうかは大きな問題ではなく、あくまで“仮説”としてアイデアをだすことが優先です。あとから、顧客満足度との関連を確かめることもできるかもしれませんし、なにより「ドンピシャなデータがないのでなにもできない」と最初からサジを投げてしまうことに比べれば、大きな違いです。

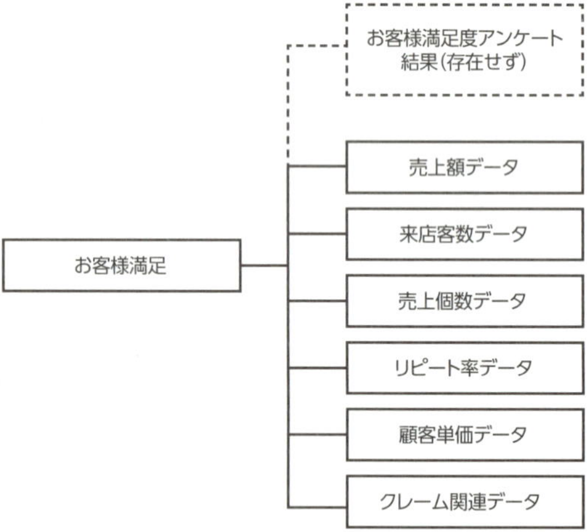

同じように、「定性的な課題」を「定量的な指標」に置き換えることが、分析者の力量として求められることもあります。

たとえば「天気」という定性的な情報を、「降水量」や「日照時間」という定量的情報に置き換えてデータ化するといった工夫ができれば、有効なデータ分析につなげられます。このように、データ分析は、「アイデア」と「工夫」で大きく前進、進化させることができるのです。決して、誰がやってもボタン1つ押せば自動販売機のように、同じ完璧な答えが「どうぞ」とでてくるものではないのです。

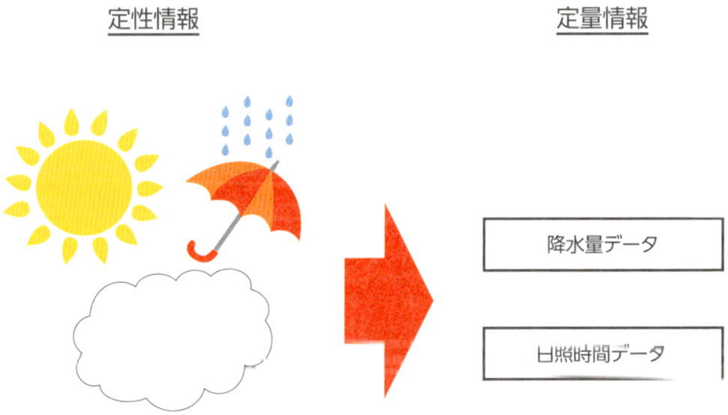
定性情報
定量情報
降水量データ
日照時間データ

こちらでは定性的な情報を
定量的情報に置き換えるという
"工夫"を見てみてね

データは“切って”中を覗く
～データ分解の視点～

データ分析というと特殊な手法や指標がでてくるものばかりとはかぎりません。

「分析」の「分」も「析」もそれぞれは「分ける」という意味をもっています。つまり、分析の基本中の基本は、「分ける」ことなのです。

ここでいう「分ける」とはどういうことでしょうか？

データはなにかを示す“数値”の集まりです。そしてその“数値”は、なにかの計算結果であることが多いのです。

たとえば、ある電車に乗っている乗客の目的地について調べようとします。その電車は何両かの車両に分かれているはずです。どの車両について調べるか、という最初の「分解」があります。

では、先頭から3両目の車両をなにかしらの理由（たとえば、真ん中に近い車両なので、代表的な乗客が乗っていると仮定したとします）で選んだとしましょう。

その車両にはどんな乗客が乗っているでしょうか？

いろいろ考えられますが、わかりやすい切り方だと男女の違いでしょうか。

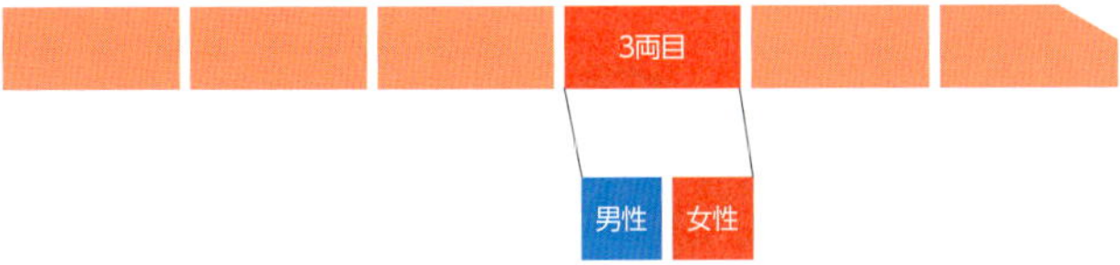

では、男女それぞれを見たときに、どのような分解ができるでしょうか？　学生と社会人、それ以外という分け方や年齢を10歳刻みで分けるなどもできるでしょう。

ここでは、学生、社会人、その他で分けてみました。

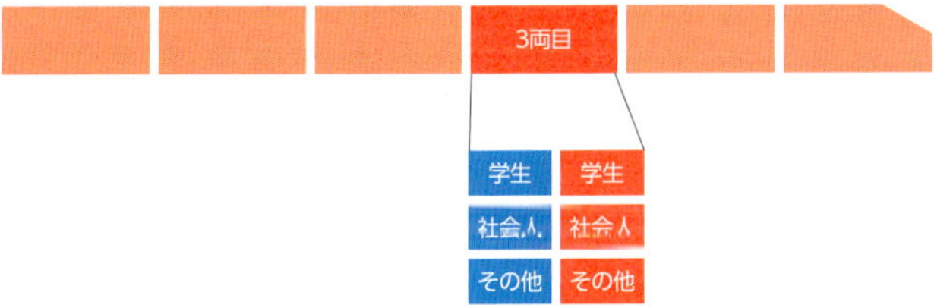

まだこれらを分解することができるかもしれません。

では、分解することで得られる情報はなんでしょうか。それを知るために、分解する前のこの電車全体の乗客に行き先を聞いたとしましょう。その結果次のようなことがわかったとします。

行き先の内訳

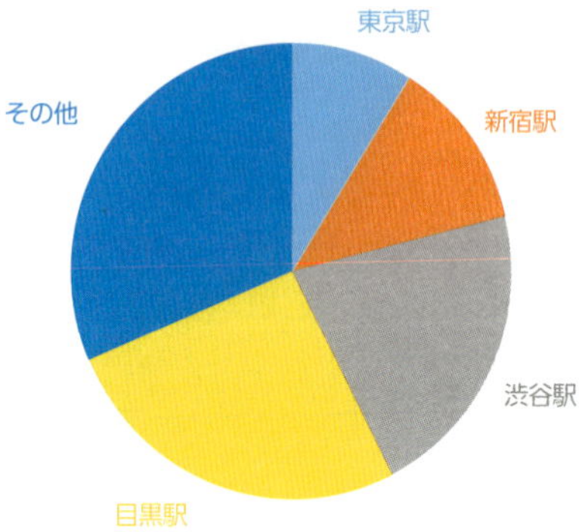

この結果からどんな情報が得られるか考えてみてください。

「その他」がいちばん多いようですね。それに次いで「目黒駅」でしょうか。どうも「東京駅」に行く人は少ないようですね。

このように全体の結果の整理はできているものの、そこから得られる情報はそれ以上でもそれ以下でもありません。しかし、実は実務の現場ではこのように“実績を整理”して報告書やプレゼンして終わり、というケースが多いのです。

では、これ自体「分析」と呼ぶにふさわしいと思われますか？

私の意見では、これは「分析」したのではなく、「結果を集計・整理」したものにすぎません。得られる情報も、きわめて一面的（多面的でないという意味）です。つまりこの結果をもって、なにか具体的な課題を特定したり、必要なアクションを検討したりすることにはつながりません。なぜなら、「分析」したものではないからです。

　では、これをたとえば先に分解したあとの結果として見てみるとどうなるでしょうか。

　まず3両目に絞り、その男女比をだしました。

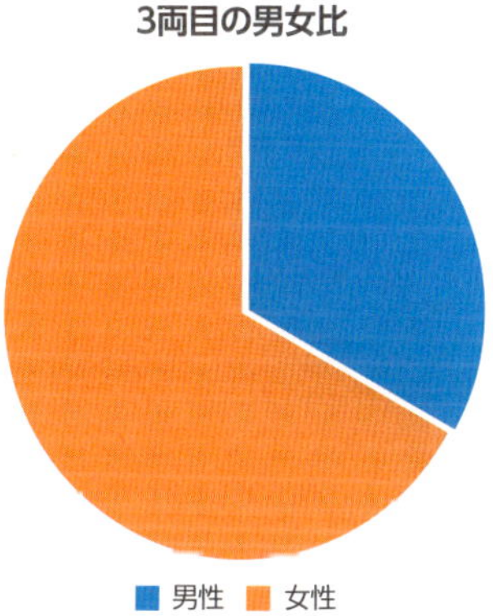

　女性のほうが多いため、まずは女性乗客にフォーカスしました。

　さらにその女性乗客の属性を調べると次のようになっていました。

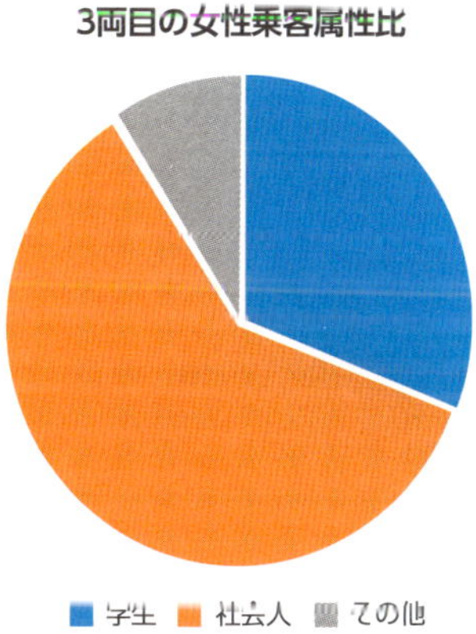

社会人が圧倒的に多く、次に学生が続きます。では、まずはもっとも多い、女性社会人の乗客についてその行き先を調べたところ、次のような結果になりました。

行き先の内訳（3両目、女性、社会人）

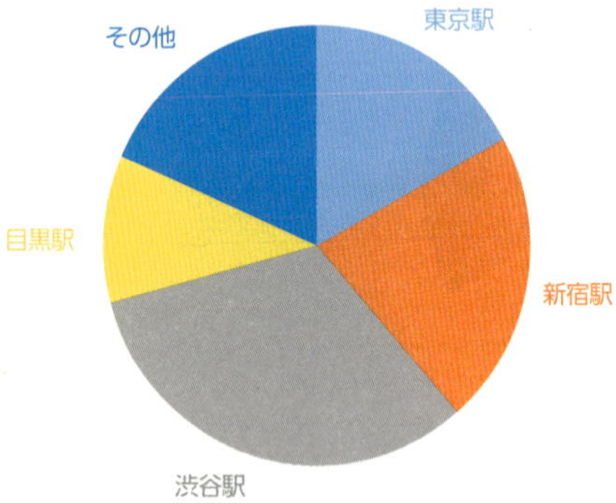

行き先の内訳（全車両、全乗客）

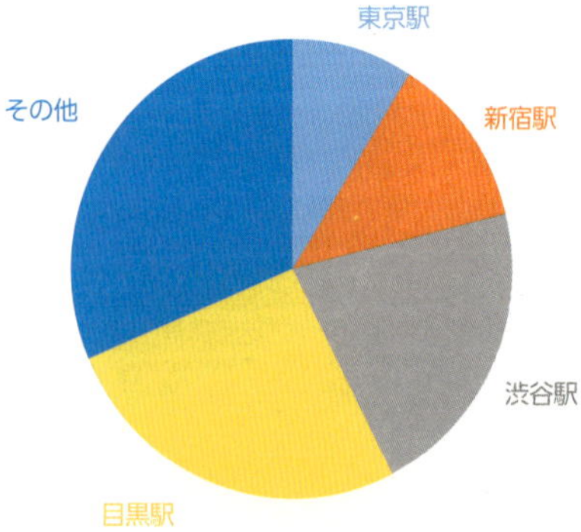

先の乗客全体の結果と比べると、その結果の違いは一目瞭然です。

仮に今回調査した3両目の乗客がほかの車両も含めた標準的な乗客層だと仮定すると、乗客全体を見ているだけでは見えてこなかった、「女性社会人」という具体的な視点で、全体との違いについて考えることが可能になります。

たとえば、そのほかの乗客層と比べて女性社会人の行き先が「渋谷」が多いのは、買い物だろうか、それとも女性が働く職場が渋谷に集中しているのだろうか、など具体的な思考を始めることができます。

いうまでもなく、これと同じことが、男性にも、また学生やそのほかの層についても行うことができます。言い方を変えれば、乗客全体の結果は、このように本来その中身（女性、男性、社会人、学生など）がそれぞれ異なる特性をもっているものも、全体にまとめてしまうことで、それぞれの特徴が埋もれてしまっている、ということです。

つまり、

「どんぶり勘定のままでは、その中身が見えない」

わけです。これがそのままだと、分析して中から情報を取りだすことができない理由です。

「分解」をして中身を除くことが、「分析」の基本であり始まりであるといえるのです。

データを分解するときの「軸」の考え方 ～データ分解の視点～

データを分解することで、その中にある具体的な要素を除けることはわかったものの、では何通りもある分解の仕方からどうやって効果的な切り口を見つければよいのでしょうか？

一般的なアプローチとして、“差がでやすい”切り口を優先的に考えます。分解するということは、分解したあとの要素になにかしらの差異があることを期待しているはずです（そうでないならば、分解せずにまとめたまま扱えばよいのですから）。差異がでやすいのはどのような切り口かは、ケースバイケースですが、自分の業務に関連するテーマであれば、ある程度予想はつけやすいのではないでしょうか？

1人で考えてもアイデアが煮詰まってしまいそうな場合には、他人にアイデアをぶつけてその反応を見たり、直接話しあってアイデアをだしあうことも効果的だと思います。

具体例で見てみます。たとえば、ある売上実績を「製品軸」という切り口で分解したところ、全製品の平均との差は－3%から＋2%の範囲に収まっていたとします（図中上半分）。

一方、同じ売上実績データを「支店軸」という切り口で分解すると、全支店平均との差は－30%から＋25%まで広くバラけていたとします。

ではどちらの切り口で切るほうが、分解後の各要素の違いを浮き彫りにしやすいでしょうか。間違いなく、後者の「支店軸」ではないでしょうか。

全製品平均との差	製品A	製品B	製品C	製品D
製品軸	+2%	-3%	0%	+1%

↑ どちらが課題ポイントを特定しやすいか ↓

支店軸	支店A	支店B	支店C	支店D
全支店平均との差	+25%	+2%	-30%	-4%

製品を軸に見るのと、支店を軸に見るのと、どちらが差がでやすいのかなぁ？
こういうときは、差が大きくでる切り口を選ぶべきなのよ！分解したあとの各要素の違いが浮き彫りになるわけだからね!!
すぐに気づいてほしいなあ…

「このような切り口だと差がでやすいのではないかな？」という発想は、“仮説”と呼ばれます。機械的にデータをなんとなく分解するのではなく、データに手をつける前に仮説をいくつか挙げてみて、その中で分解してみる、という順番が大切です。

これをしないと、次から次に機械的に分解作業を行って、「いったい自分はなにをしてなにを確かめたいのか」という目的を見失いながら作業だけを進める状態に陥りやすくなるからです。

切り口を規定する「軸」を決めたら、次にはどの“幅”で分解するのかも重要になる場合があります。

なんでもかんでも「とりあえず均等な幅で」というのがいちばん楽ですが、目的は“意味のある”分解をすることであることを忘れてはいけません。

次の例は、カラオケボックスにくるお客さんを年齢という軸で分解しようとしたものです。

いちばん単純で機械的な分解は10歳刻みで分解することでし

カラオケボックスの来店客情報

年齢軸	10代	20代	30代	40代	50代以上

↑ **どちらが課題ポイントを特定しやすいか** ↓

年齢軸	～18歳(高校生)	～22歳(大学生)	23～29歳(独身社会人)	30～50代	60代以上

ょうか。

ただ、このケースでその発想にどれだけ意味があるのか、を考えてほしいのです。

カラオケボックスにくるお客さんは、おそらく、高校生と大学生、そして社会人とではきっと利用する時間帯、使うお金、目的や頻度など利用状況が違うだろうということは、素人でも容易に想像がつきますよね。

そのような場合、「どういう塊が共通グループなのだろう」や「どういう幅で切ると差がでやすいのだろう」という視点で考えてほしいのです。

私でしたら、先のとおり、「学生」や「社会人」「リタイヤ組」といった視点から、年齢の幅を設定すると思います。もしくは、年齢という軸ではなく、学生や社会人という身分で分けることも検討するかもしれません。

いずれにせよ、このように具体的な状況や課題を想像して、それにあった分解の仕方をすることが、効果的な分析につながることを覚えておいてください。

データのドリルダウン/ドリルアップで“見る位置”を変える　～データ分解/集約の視点～

データの「分解」のところで紹介したように、データは分解することで、より詳細な中身が覗けるようになります。その事実に沿って、やみくもに思いつきで分解し続ければよいということでもありません。「データとは分解するとよい」という事実だけを知っていても、価値ある情報を引きだすデータ分析はできないのです。

大事なことは、“方法論”として機械的に分解することができるかどうかではなく、課題や目的を目の前にしたときに、「どのデータを使うか」とあわせて「このデータにはどのような分解パターンがあり、いまここにあるデータはどこまで分解されたものなのか」を考えることにあります。

データ分析の世界で、データを分解することを、データを“掘り下げる”という意味の「ドリルダウン」と呼び、逆に分解されたものをまとめあげることを「ドリルアップ」ということもここで覚えておきましょう。呼び方だけの問題です。

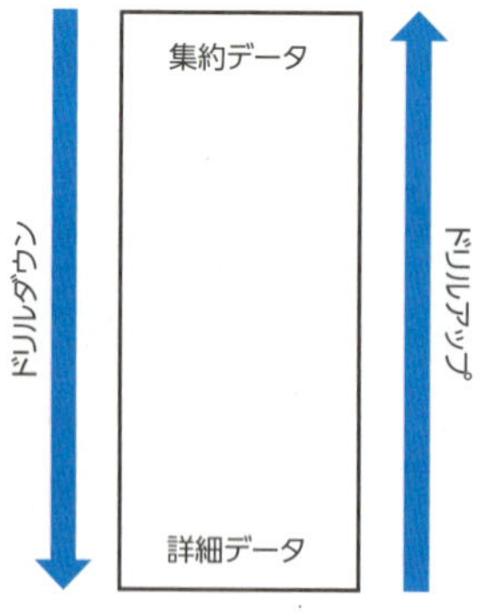

では、たとえば「過去半年間の家電量販チェーン新宿店の売上額実績データ」が目の前にあるとしましょう。あなたに課せられたのは、「売上改善のための課題特定」です。まずどんなことから考えるでしょうか？

まずこのデータはどこまで分解されたものなのか、集約されたものなのか、を考えてみましょう。

このデータの「分解度」ともいえるかもしれません。考えるプロセスのイメージは次のとおりです。①の与えられたデータだけでなんとかしようとして四苦八苦するケースがよくあります。

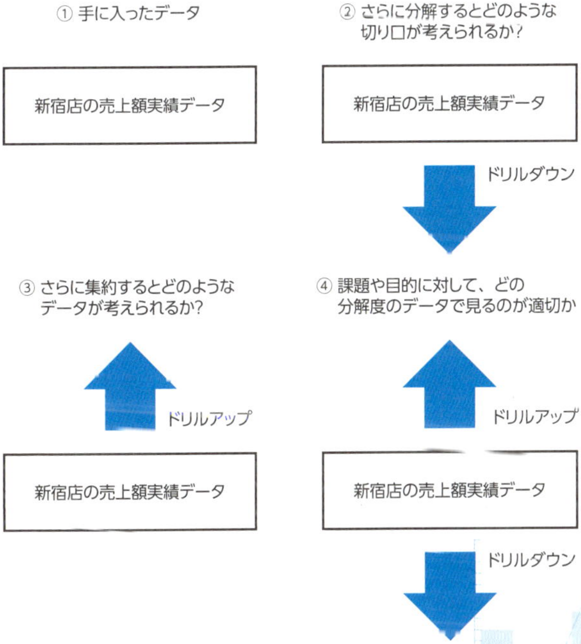

具体的な例を示します。

このように層別構造で考えてみると、目の前のデータの位置づけ（分解度）が把握しやすいかもしれません。

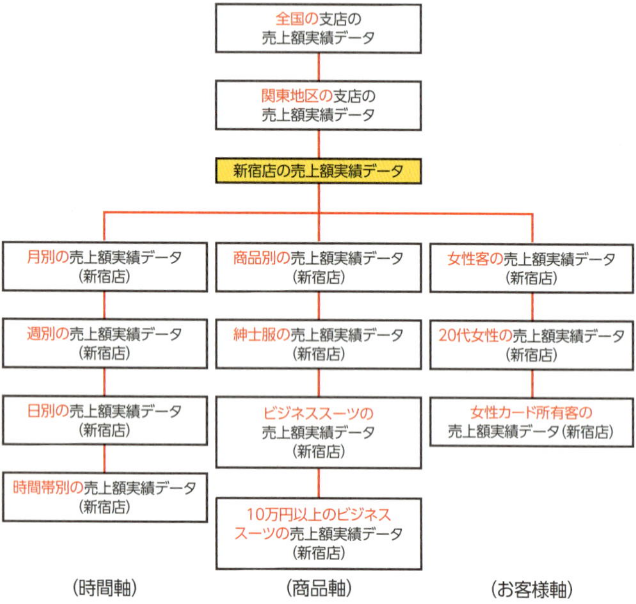

図はあくまで一例で、ほかの軸を適用すれば、ほかの切り口もありえるでしょう。でも大事なことは、「ポン」と渡されたデータを思考停止したまま使いだすのではなく、そのデータはどのような要素にさらに分解できるのか（ドリルダウン）や、そのデータはすでにどこまで分解された結果（ドリルアップ）なのか、を考えることです。図のように、「新宿店の売上額実績データ」には、まだ集約した（上方向）データも考えられますし、分解する軸によって、多くの分解データが思いつきます（下方向）。つまり、「新宿

店の売上額実績データ」はその中間層に位置するデータなのです。このように考えると、目の前のデータの位置が確認できると同時に、さらにどのようなデータが必要になるのかを考えることができます。

与えられたデータをそのまま使うことや、どこまで分解や集約を行うべきかは、課題と目的によって判断されます。でも、「売上改善のための課題特定」というこのケースであれば、私なら次のようなことを考えてみます（一例です）。

ドリルアップ

新宿店だけでは、顧客全体の傾向をつかむには情報が限定的かもしれない。他店も含めたデータで全体の傾向をつかんでおこう。ただ、関東と関西とではお客様の傾向がいつも違うことがわかっているので、まずは関東地域の支店データを使ってみよう。

ドリルダウン

新宿店全体の売上額だけを見ていても、結果はわかっても、結果につながる詳細情報はなにも取れそうにない。このお店の売上にもっともインパクトがあるのが、紳士服の売上なので、まずはそこを優先的に見ていこう。紳士服といえば、ビジネススーツの単価も高く、顧客も多いので、そこでなにが起こっているのかをまず探ってみよう。

いかにすばらしい完璧なデータ分析手法を使っても、それはあくまで中間プロセスの1つでしかありません。そのインプットとなるデータについて、分析作業の前段階で十二分に考えておくことが、結果の質と有効性を大きく左右するのです。

使うデータの範囲はどう決める？～データ範囲の視点～

データ分析の結果に大きな影響を与えるのは、データの切り方だけではありません。もとは同じデータであっても、どの範囲のデータを使うかの判断1つで結果が変わることがあります。つまり、データ分析というプロセスへのインプットとなるデータは、「どの範囲のデータか」が重要になります（にも関わらず、ここに意識的に注意を払う人が少ないのも事実ですので気をつけましょう）。

では、「データ範囲の違い」とはいったいどういうことでしょうか？

たとえば、あなたがとある店舗のパンの売上責任者になったとしましょう。お客様の好みをこれからの商品に反映させるべく、

過去の売上個数の実績をクリームパンとメロンパンで比較することでつかもうとしています。

データ自体は次のようにいたってシンプルです。誰でも知っている“平均”を使って、過去1年分の比較をしました。

その結果は、月あたりの平均売上はまったく同じ(月平均286個)、というものでした。

これをもって、クリームパンとメロンパンの間には差がないので、同じように商品を準備すべき、という結論をだしてよいとみなさんは考えますか？

	売上個数/月	
	クリームパン	メロンパン
1月	326	318
2月	396	331
3月	226	322
4月	197	305
5月	310	350
6月	249	293
7月	205	293
8月	310	209
9月	265	323
10月	391	202
11月	256	271
12月	304	220

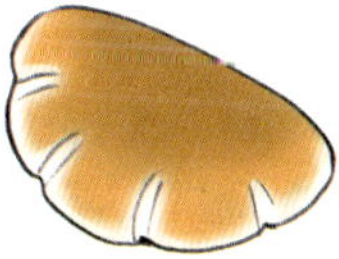

同じデータを使うとしても、ある人は、「1年間全体で見るよりも、ここ半年くらいで十分ではないか」というかもしれません。またある人は「お客さんの好みの移り変わりは速い。だから、直近3カ月だけを見ないと、本当の流行はわからない」というかもしれません。

では、この2つの意見に沿った結果を見てみましょう。

	平均売上個数/月	
	クリームパン	メロンパン
1〜12月	286	286
6〜12月	289	253
10〜12月	317	231

過去半年（6〜12月）では、クリームパンのほうがメロンパンよりも月平均で売れていることが読み取れます。また、直近3カ月（10〜12月）では、その差はより顕著になっていることもわかりますね。つまり、この1年間でもその差はどんどん広がっていると考えることができそうです。

でもこれは1年間全体を平均で表した際には、まったく見えなかったことです。

ここで、ぜひ注意してほしいのは、これは、精度などデータそのものの問題でもなく、また平均値を計算するといった計算や指標の問題でもないことです。同じデータを手にしたときに、分析者がどの範囲を採用するか、という判断の違いの問題だけなのです。にも関わらず、見えてくる姿はこんなにも違います。

実務でのよくある落とし穴は、この「データの範囲」の問題を意識せずに、次のような行動を取ってしまうことです。

・職場の共有フォルダーにあったからそれをそのまま全部使った
・代々、「過去1年を使う」ことが職場の通例となっていたので、それを踏襲した
・なんとなくキリがよさそうだったので「3カ月分」を使うことにした

いずれも、「どうして、その範囲が適切か」という思考が抜けているのです。この問題に絶対的な唯一の正解はありません。でも、少なくともなんの考えもなく、ありもののデータを全部使うのではなく、分析者が「これをデータで知ろうとすると、どういった範囲が適切なのか」を一度自分の頭で考えてみることが必要です。それでも絶対的な正解けでないかもしれません。そのようなときには、いくつか範囲のバリエーションを考え、それぞれで結果をだしてみることが確実です。それらの結論がほぼ同じであれば、それ以上悩むことは必要ないでしょう。明らかな違いがあれば、「どうしてそこに違いが生じているのか」を探ってみればよいのです。その結果、データの裏側に眠ったたくさんの情報が得られるかもしれません。

このように、「データの範囲」を意識することが、その気づきのための第一歩となりえるチャンスともいえます。

第1部 第2章

1軸の視点でデータの特徴を把握

「そのデータはどういう特徴をもつのか」。
同じデータを使っても、多面的なアプローチで
得られる情報量が大きく変わります。
誰でも知っている手法を組み合わせ、
見えるものに広がりを与える方法を学びましょう。

ふだんあまり意識している人は多くないと思いますが、データを扱う際に何種類のデータを同時に扱うかによって、見えるものの深さに違いがあります。

この章では、1種類のデータ（これを1軸ととらえます）の特徴をどのようにとらえ、活用できるかについて見ていきます。

そもそも、「1種類のデータ」とはなにか、そして「なぜ1種類か否かで分けるのか」。

そのあたりから考えてみたいと思います。

多くの人が認識していない「データの種類の数」

データをふだん仕事で使うことがある人は、こんなアウトプットを目にすることが多くありませんか？

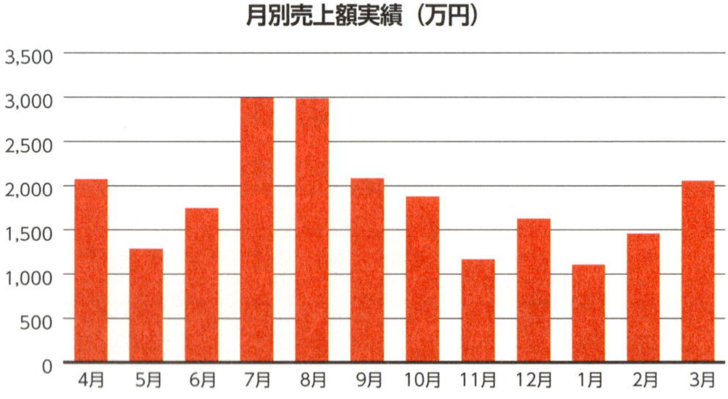

もちろん棒グラフだけとはかぎらず、折れ線グラフや円グラフ、表などの形をしているかもしれません。いずれにせよ、ここで着目していただきたいのは、示されている情報の種類がいくつか、という点です。

この例では、月別にバラして表示はしているものの、扱っている情報は「売上額」というデータにかぎられています。つまり、1種類の情報です。

ほかにもこのようなグラフもよく目にするのではないでしょうか？

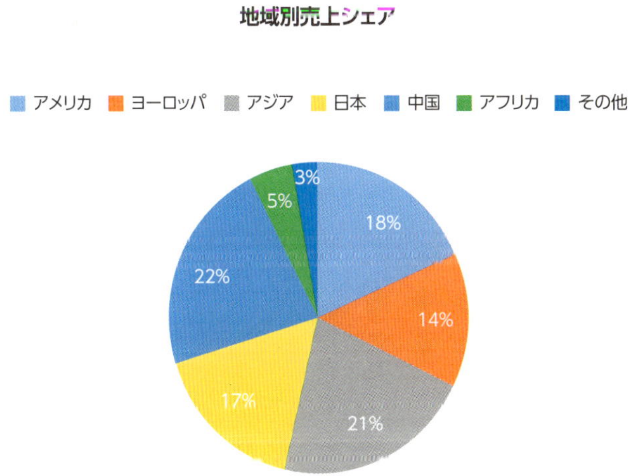

地域ごとの売上シェアを示した円グラフです。

これも地域別に分けてはいるものの、そこに示されているものは「売上シェア」という1つのデータです。つまり1種類の情報だけを扱っています。

これらのケースは、示すものが1つだけですので、情報としてシンプルで見るほうも理解しやすいことが特徴です。もちろん、これを地域別、年齢別、月別などに分解すればそれなりに情報の“細かさ”は増えますが、どんなに分解したとしても、示す情報は1種類であることに変わりはありません。

そして、多くの職場などで扱われているもっとも多く典型的なのが、この「1種類(1軸)」でデータを使っているケースではないでしょうか。

同時に、扱っている人、見ている人の多くは、そこで扱っているデータの種類は1つなのか2つなのかといったことは、ほとんど意識していません。

一方、データから多くの示唆に富んだ情報を引きだそうとすると、この意識を無視することができないのです(その意味するところは第3章もあわせてご覧ください)。

1種類のデータから得られるもの

ではいったい、1種類(1軸)のデータでとらえることができることとできないこととはなんでしょうか？

1種類のデータでは、そのデータの特徴をシンプルに示すことができます。

ここでいう特徴とは、たとえばよくある例では次のようなものです。

・売上額の実績はいくらであったか
・集まったお客様の人数は何人であったか
・会員継続率は何パーセントであるか
・マーケットシェアは何割か　など

業界や業種によって、応用の幅は無限にあるのですが、大きな特徴の1つとして、上記のように、「実数(値そのもの)」で示されるものと「率」で示されるものがあります。その用途や目的、表示のしやすさなどによって使い分けているのです。

いずれにせよ、そのデータによってわかること、見えることとは、「値」や「割合」で示された“結果”や“事実”などです。

つまり、1種類のデータを使って実現できることとは、データがもつ“特徴”を客観的に把握することといえます。

“特徴”を数字で示すまたはとらえることによる最大のメリットは、個人の感覚ではなく、客観的に事実を認識できることといえるでしょう。

「多かった」や「非常に」など日常会話でも使われる表現には、その人なりの基準にもとづいた評価が入っています。でもその基準が人によって違っていたり、解釈にギャップがあったりすれば、その意図するところや事実は正確に共有できません。

これは、「データが1種類だから」にかぎりませんが、数値（データ）で示すことで、そのギャップを埋めることができ、結果として客観的な意思疎通が実現できるのです。

1種類のデータを活用することは、このデータによる客観的な事実の把握、そして伝達することをおもな目的としています。

「事実を客観的に伝える」

これはデータのすばらしい基本機能ではありますが、一方で1種類のデータだけで実現できることには限界もあります。

それは「データの“平面的な”事実だけしか表現できない」ということです。

表面的とは、たとえば、「売上額の実績はXXXでした」ということは表現できます。

一方、「ではどういう理由で売上額がXXXとなったのか」ということまでは「売上額実績データ」だけからはわかりません。つまり表面的な事実（たとえば結果など）は把握できるものの、その裏や奥にある情報（理由や因果関係など）までは到達できない、という限界があります。

私はその状態を“平面的”ととらえています。

誤解いただきたくないのは“平面的”に事実をとらえること自体は、限界はあるもの、決して意味のないことやムダなことではないということです。

同じ1つのデータでも、それを多方面から広くとらえることで、“点”が“線”になり、結果として“広い”平面的な情報としてとらえることができます。

データ分析の質を高める第一歩として、まずはぜひここを目指していただきたいと思います。

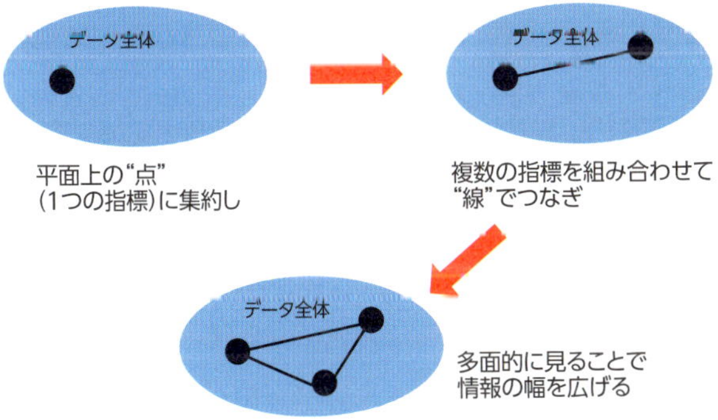

では、データの特徴を、効果的、効率的に把握できる方法にはどのようなものがあるのでしょうか？

指標に集約して全体を把握する

データの特徴のとらえ方として一般的に使われるのが1つの指標に表すことです。

わかりやすい例では、みなさんすでにご存じの“平均”があります。

なんとなくふだん使っている人も多い“平均”ですが、平均を使う理由をいま一度しっかり考えてみましょう。

たとえば、あるパン屋での5週間にわたる日々の売上個数のデータが次のようにあったとします。

	第1週	第2週	第3週	第4週	第5週
月	265	203	180	138	292
火	278	255	245	248	193
水	176	130	139	242	151
木	206	210	291	219	175
金	163	262	258	204	271
土	178	201	270	212	274

では、「このお店の売上個数ってどのくらい？」と聞かれて即答できるでしょうか？

たかだか35個（7日×5週間）のデータであっても、すべてのデータを把握して端的に示すことは無理ですよね。そこで、個々のデータの違いはちょっと置いておいて、全体としてざっくりとした売上個数を示すには、平均という1つの指標に“集約”することがなにかと便利なわけです。

ちなみにこの例での1日平均は、約218個となります。

先の質問に対して「だいたい毎日220個くらい売れる感じですね」と言えば、知りたいことが具体的にわかるのです。

この例のように、指標を使うことによって、複数からなるデータの集合体の特徴を

“1つに集約して示す”

ことができます。誰でも1つの数値ならすぐに認識できますよね。

仮に翌月は、なにかしらの理由で、データが取れた日数が20日間であったとします。先のデータは35日分ありますので、期間中の合計の売上個数を比較することに意味がないことは明白です。一方、それぞれのデータを、1日平均売上個数という値で示せば、(もとのデータ数の違いにはとらわれず)お互いを比較することも可能になります。

このように、平均値に集約して示す、ことには大きな利便性があるのです。

“平均”という指標も厳密にいえば、統計指標の1つといえるでしょう。ただし、本書では、データを指標に集約することを、いわゆる統計的理論を駆使したほかの手法とは分けて考えたいと思います。それは、これらがかならずしも統計理論や技術に依存しなくても理解、活用できる基本的なことだと考えるからです。

また、このほかの指標も含め、一般に「統計指標」や「基本統計量」として紹介されている場合があります。以下は、Excelのアドイン機能により一括で求められる「基本統計量」の一覧です。

列1
平均
標準誤差
中央値（メジアン）
最頻値（モード）
標準偏差
分散
尖度
歪度
範囲
最小
最大
合計
標本数

しかし、これらすべてが日常的に必要かといえば、おそらく答えはNOでしょう。

私個人そして、私のクライアントにおける一般的な実務、ビジネスで必要となる指標は、このあとに紹介するものにおおよそかぎられています。

大事なことは、なんでも機械的に指標に表せばよい、ということではないということです。

その課題にとって大事な特徴はなにかをしっかり認識したうえで、自分が知りたい、相手に伝えたいことを示すのに適した指標はなにか？　を最初にぜひ考えてみてください。

こういう場面はよく目にしますが、データを使うことが実のある結果につながっていません。

Aさん「はい、これが全体の平均です」
Bさん「平均がいくつかわかったけど、この値でいったいなにを言いたいの？」
Aさん「えっと・・・・・？？？」

先のパン屋の例に戻れば、「このお店のこの5週間における1日あたりの売上個数をざっくり把握したい。その結果を考慮して、来月の原料仕入れの分量を見積もりたい」という目的がたとえばあり、それに応えるための平均値であるはずなのです。

もし「この5週間でいちばん売れなかった日はどのくらい売れたの？　在庫はどのくらい余ったの？」という課題であれば、特定の日についての課題ですので、5週間全体の平均値をだしても意味がないですよね。

このように、最初に指標ありき、ではなく、目的ありき、での指標であることを忘れないでください。これは言い換えると、さまざまな課題意識や目的の切り口から、それぞれにあった指標を適切に用いることで、同じデータに対してもさまざまな角度から広く情報をとらえることができることを意味します。

これがデータを“点”だけでなく“面”でとらえる発想です。

“点”を“面”に変える データのとらえ方とは

代表的な指標の1つである“平均”を再度取り上げてみます。

先のパン屋の例のように、1日平均売上個数約218個という値を算出して、ざっくりと1日あたりの売上の大きさを把握できる一方、本来、日々の売上1つひとつを見れば、ほぼすべての日で、この平均とはかい離した売上個数となっていますよね。

ということは、全体の大きさを平均という1つの値に集約するときに、「個々のデータの値」という“情報”は省いてしまっていることになります。

1つの値に“集約”するということは、言い換えれば、わかりやすさ、便利さと引き換えに、それ以外の細かい情報には目をつぶる、という事実があることも知っておくべきです。

左のグラフは、先のパン屋の売上個数を25個単位で区切り、その日数を縦軸に示したものです（このグラフはヒストグラムと呼ばれます）。

また、別な月における30日分の売上個数を調べたところ、その下のグラフのようになったことがわかりました。平均を調べると、両月とも218個であることがわかりました。

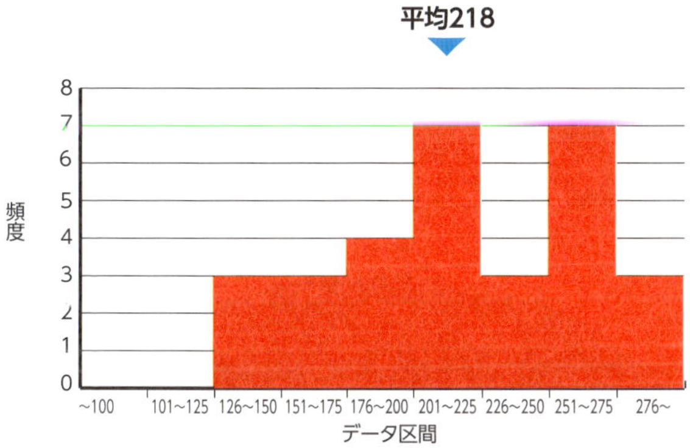

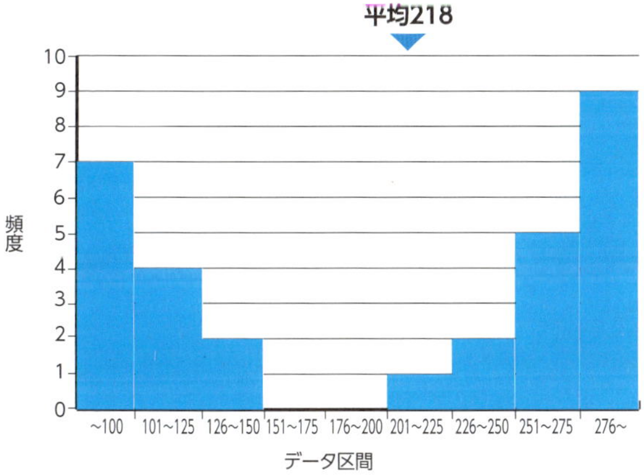

特に下のグラフの月には、売れ行きが極端に悪い日と、よい日が際立っていることがわかりますよね。でも「平均」という1つの指標に示したことによって、両月の日ごとの売れ行きの違いを示す情報は見えなくなり、“平均218個”という共通の結論だけが見えるようになってしまうのです。

このように、データ全体を指標に1つに集約することで、情報を“点”で示すことが可能になります。その結果として、複雑で量も多い(人間の力だけではすぐに把握できないような)情報を簡潔に示すことができる一方、失ってしまう情報が生じているということです。

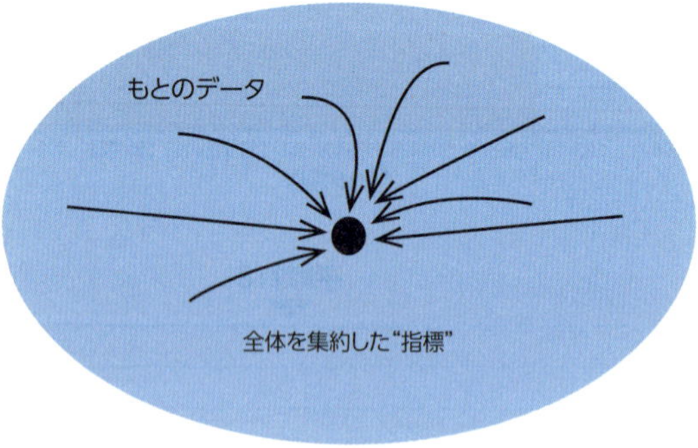

では、なんとかこの“失ってしまった情報”など、1つの指標だけでは表現しきれない情報を違う指標で示すことができないものでしょうか？

そこで、ほかの指標にも目を向けてみます。

先に見たように、平均に集約することで失われる大きな情報は、「もとのデータのバラつき」です。

バラつきの大きさの度合を示す指標に「標準偏差」と呼ばれるものがあります。

標準偏差という言葉自体が堅いイメージを与えるため、敬遠されることが多いのですが、公式の意味するところさえ知れば、難しいことはないことに気づきます。

$$\text{標準偏差} = \sqrt{\frac{(\text{各データの値} - \text{平均})^2 \text{ の合計}}{\text{データの数}}}$$

　ルート内の分子に着目してください。ここでいっていることは次のとおりです。

・それぞれのデータと平均との差をすべて足します
（平均より大きいデータと小さいデータで、平均との差を取ると＋、－が生じて、そのまま足すとお互いに消しあってしまうため、便宜的に二乗しています。二乗したので、あとからルートでもとに戻しているのです）。

・このままだと、たんに「データ数が多い」という理由だけで、この合計値が大きくなってしまうので、データ数の違いをそろえるために、データの数で割ります。

　ひと言でいってしまえば、

個々のデータが平均からどのくらい離れているかを全部足し上げたもの

と理解していれば、（厳密な公式の解釈ではなく）標準偏差とはなにか、を十分把握できます。

ちなみに、先に2つのヒストグラムで比較したパン屋の例では、上のグラフの月における標準偏差は約48(個)なのに対し、下のバラつきが大きい月では約92(個)にもなります。両月の間には、おおよそ2倍のバラつきの差があることがここから定量的にわかります。

細かい前提条件*などもありますが、ざっくりとした標準偏差の範囲を具体的にイメージする感覚として、

平均±標準偏差

の間には、全体のデータの2/3ほどのデータが収まっている、ということも知っておいて損はないでしょう。つまり、その区間が“標準”的な、平均からの“偏差”なのです。

*:もとのデータが正規分布に従うと仮定できるという前提

たとえば、「大きさ」を示す“平均”と、「バラつき」を示す“標準偏差”の両方を使って同じデータを表現することで、「大きさ」という“点”と「バラつき」という“点”が結びつき、“線”になります。

平均と標準偏差の両方を使って
同じデータを表現することで、
見えてくるものがあるのよ!!

その結果、次のような評価や比較ができます。

菓子パンA	20	30	15	12	22
	24	20	15	36	25
	18	24	24	14	11
	26	16	14	18	33
	18	24	34	26	24
	32	21	34	16	33
	25	19	37	25	23

平均　23.1
標準偏差　7.2

菓子パンB	27	29	39	15	30
	43	38	25	37	26
	21	35	17	20	13
	35	37	10	12	38
	21	24	34	33	16
	17	30	45	31	36
	33	15	30	26	10

平均　27.1
標準偏差　9.8

あるパン屋にて「菓子パンA」と「菓子パンB」の30日間の売上個数の特徴の違いをそのデータを比較することで把握したいと考えました。平均だけを比較すると、「菓子パンB」のほうが大きいため、「売上個数の大きさ」としては平均的により多く売れていると結論づけられます。

一方、同じデータを使って、日々のバラつきを知りたいと思い、標準偏差を比べてみると、こちらも「菓子パンB」のほうが大きいことがわかります。

では、日々の売上の標準偏差が相対的に大きいとはどう解釈できるでしょうか？

「バラつきが大きい」とは、言い換えると「売れる日と売れない日の数の差が激しい」といえます。つまり、お店にとっては、在庫を計画するうえでも、店舗経営という面でも「リスクがより大きい」という評価になります。

これをあわせると「菓子パンB」は確かに、販売数を平均的に見れば悪くないものの、日々の売れ行きのバラつきが大きく、より大きいリスクをもった商品である、と結論づけられます。

このように、たんに「平均がXX」や「標準偏差がXXX」という"分析結果"を結論として思考停止せずに、分析結果が意味するところはなにかを具体的に言葉で表現、説明するように心がけましょう。それだけで、無機質な分析結果が、意味のある情報に変わることが実感できるはずです。当然、伝える相手にも、より意図するところが伝わりやすくなります。

代表的な平均と標準偏差について見てきましたが、私の経験上、一般的な実務で活用する（できる）指標としては、この2つでだいたい対応できます。

使う場面としては決して多くはないと思いますが、そのほかの指標についても簡単に紹介します。目的と照らしあわせて、これらを複数組み合わせることで、データを把握するポイントを"点"から"線"や"面"に広げることができるはずです。

・中央値

平均は、極端に小さいまたは大きいデータが紛れ込んでいると、それに引っぱられて値が偏ってしまいます。多くの人が「平均とは標準的な値だ」や「データ全体を代表する値だ」と考えていることに反するケースがあることを知っておきましょう。

こちらが極端な例です。

次の5つのデータがあったとします。

3, 2, 4, 5, 100000

この平均は　(3 + 2 + 4 + 5 + 100000) ÷ 5 = 20,003です。

計算上でてきた20003という値、もしくはそれに近い値は、もとのデータにはいっさいありません。もとのデータを代表する値とはもはやいえませんね。

このように、極端なデータの影響を削除して、純粋にすべてのデータの真ん中の値（大きさ）を示す指標が中央値と呼ばれるものです。

先の5つのデータでは、4が中央値となります。ちなみに、データの数が偶数の場合には、真ん中の大きさをとる2つのデータの平均が中央値となります。中央値が平均値に変わって、「代表的な値」や「標準的な値」と呼ぶにふさわしいとは言い切れませんが、少なくとも偏ったデータがあることがわかっているときには、平均値の代わりに中央値を使うほうが適切な場合があります。

・最頻値

全データのなかで、いちばん出現回数が多い値です。

たとえば、2, 2, 4, 8, 8, 8というデータであれば、3つ存在する“8”が最頻値となります。データの値の大きさや全体のバラつきではなく、「いちばん多いもの」を代表値として扱いたい場合などには適しています。

グラフや表で視覚化する

データの特徴の表し方は、指標だけではありません。もっと感覚的に、もっと視覚的に示すには、やはりグラフや表でビジュアルに示すことで伝わりやすさ、わかりやすさが増すことが多々あります。

すでに見てきた例で、同じデータに対して指標での表示とグラフ表示の違いを整理してみましょう。

プレゼンで大事なのは、データをわかりやすく見せること! それにはグラフや表でビジュアルに示すのがイチバンね!!

	菓子パンA	菓子パンB
平均	23.1	27.1
標準偏差	7.2	9.8
中央値	24	29

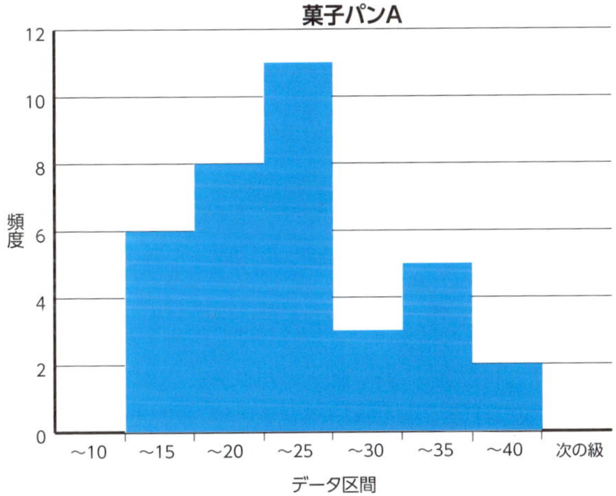

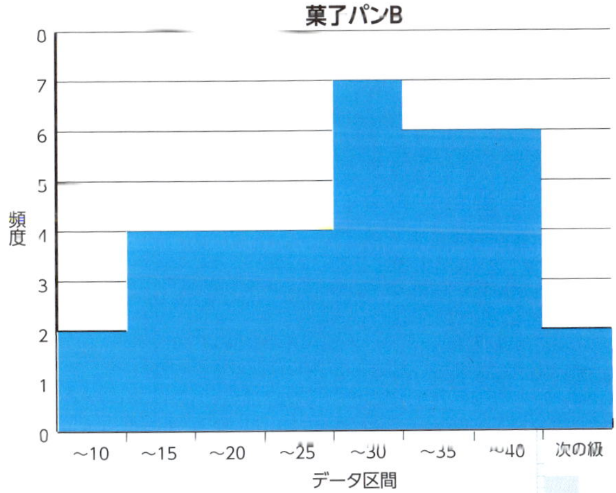

2つの表現を比較してどのような印象をもちましたか？

どちらがよりすぐれているとかよいということはありません。

グラフによる表示は、全体を漏れなく感覚的につかむことに、より適していそうです。指標での表示は、複数の指標を組み合わせているとはいえ、それぞれの指標に集約する際に、ある部分の情報は隠れてしまうため、常に元データ全体が把握できる保証はありません。そのぶん、グラフは、すべての情報により近い姿を網羅的に見せることができます。

ただ、グラフにも欠点はあります。

情報は多ければ多いほどよいというわけではありません。判断や評価にあった情報だけに絞られているほうが、効率的に完結に結論にたどり着けます。たとえば、両商品の売れる数の大小を端的に比較したい場合、これらのグラフを眺めていてもおそらく答えはだせないでしょう。一方で、平均という指標を比較すれば、その結論は明確です。

また、グラフはわかりやすさもある代わりに「感覚的」でもあります。つまり、同じグラフを見ても、場合によっては違う評価、結論をだす人がいてもおかしくはないのです。そのぶん、“曖昧さ”が残るといえるでしょう。

データ分析の厳密性（曖昧さの少なさ）という意味では、指標に軍配が上がりますが、いくら分析の精度が高くても、伝える相手に理解されなかったり伝わりにくくなってしまっては、本末転倒です。その点、伝わりやすさ、受け入れられやすさという点ではグラフはより威力を発揮することでしょう。

求められる精度や厳密性と、伝わりやすさ、理解しやすさの間のあんばいを、相手の知識レベル、興味のポイント、達成したいゴールなどを考慮しながら探ることも実務でデータを活かす際には重要なポイントとなります。

すでにふだんからグラフを使い慣れている人には、きわめて基本的なことではありますが、代表的なグラフについて紹介します。

・折れ線グラフ

時間の推移とともに変化する様子をとらえるときに適しています。

視覚的に、増加、減少などの傾向がわかることで、将来の予測や、いつから変化が起こっているのかなど時間的な着目点がすぐに見つかります。

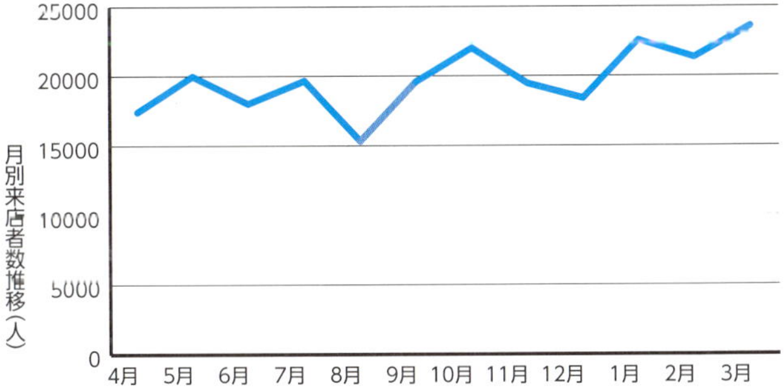

・円グラフ

円グラフは、各要素の構成比を見たい場合に適しています。全体にもっとも貢献する割合が大きいのはどれか、どの要素で全体の2/3を占めているのか、などを知りたいときには一目瞭然で、その結論が得られます。ただ、あまりに細かく分解しすぎると、読み取りにくくなってしまうという点には注意しておきたいところです。

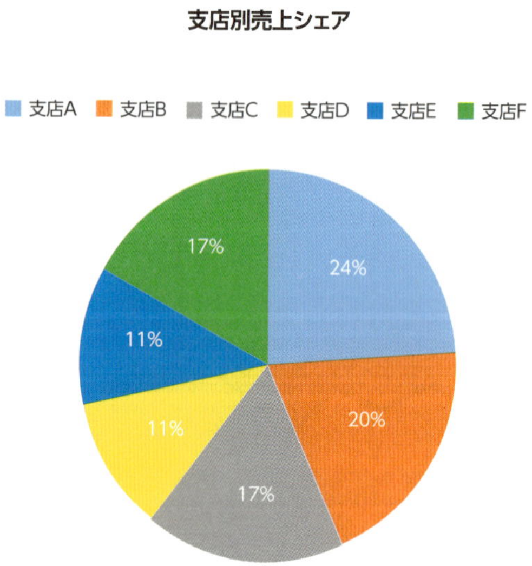

・棒グラフ（ヒストグラム含む）

複数の要素を横並びで表示するときに適しています。横並びにする目的に比較、評価があることが多いはずです。知りたい情報や目的に応じて、大きい順など並び順を工夫することで見やすさやメッセージのわかりやすさを引きだすことができます。

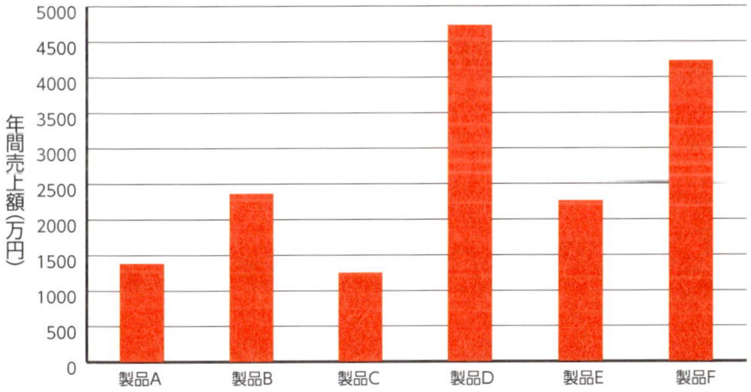

そのほかにもグラフの種類は存在します。ただ、見た目のキレイさに惹かれてムダに複雑なグラフを使うことはおすすめしません。言いたいメッセージ、知りたいことをいちばんシンプルにしかも的確に表示できるグラフがベストです。それは多くの場合、複雑なグラフでないことのほうが圧倒的に多いと感じています。

比較で相対評価を行う

ここまで、1種類（1軸）のデータを使って、その特徴を把握するために指標やグラフを用いて表現することを考えてきました。

ここで、再度データ分析をする目的を考えてみましょう。

単純に、そのデータはどのような特徴があるのか、を知りたいだけのこともあるでしょう。

しかし、特に実務、ビジネスのなかで価値のある情報や示唆を得たい場合などには、たんに「こういう結果でした」というサマリーだけを見て終わるだけでは、さらに踏み込んで大きな価値を生みだすことは難しいのです。私はこれは「データ分析」というよりも「データ整理」に近い、とすら考えています。

ではいったい、1種類（1軸）のデータを活用してより多くの示唆を得るにはどうすればよいのでしょうか？

そのヒントが「比較」にあります。

たとえば折れ線グラフを使って“減っている”ことはわかっても、その減っていることが異常なのかや、減り方が大きいのか小さいのかを絶対的、客観的に評価することが難しいですよね。

そのようなときは、図のように、同じ1種類のデータであっても、比較対象を複数取り込み、その特徴を比較することで、相対的な評価が可能になります。

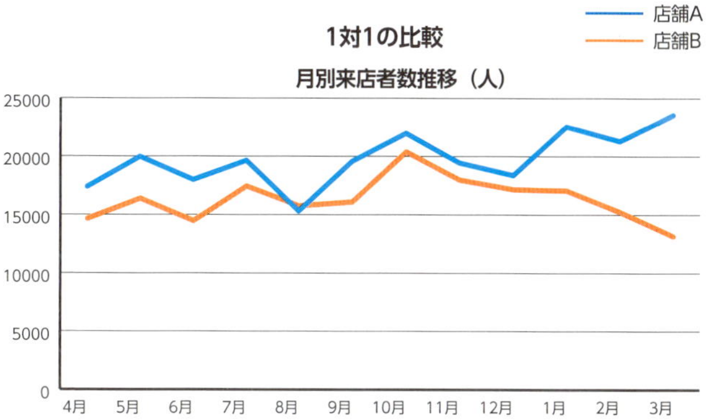

この例では、年間を通してほぼ店舗Bのほうが店舗Aよりも来店者数の大きさが相対的に小さいことが読み取れますね。これは店舗Aと比較することで初めて評価できるのであって、店舗B単独のデータであれば、「多いのか少ないのか」の評価は難しくなります（予算が定められていたり、必達の最低額などが定められていれば別です）。

たとえば、店舗Aとの比較だけでなく、全国の店舗すべての平均と比較すれば、なお評価はしやすくなり、その結論の説得力も高まるのではないでしょうか。つまり、たんに1対1での比較よりも、標準的な「その他大多数」との比較において違いを示すことができるからです。もし顕著な違いがあれば、その店舗特有の課題や特徴があると考えられるからです。

次の図はその一例です。店舗AB間の1対1の比較では店舗Bは来店者が低いという評価になりますが、全国の平均（標準）と比較すると、相対的に店舗Bへの来店者は多いという結論になります。となれば、店舗Bのパフォーマンス自体は決して悪いということではない、と評価することが妥当です。

これはどちらがよい、悪いということではなく、なにを知りたいのかという目的に応じて比較対象を適切に選ぶことの重要性を物語っています。比較する相手によって、相対評価はいかようにも変わってきてしまうからです。

いま自分が知りたいのは、たとえば隣接地域にある店舗Aとの1対1比較をして、同地域、同条件での良し悪しを知りたいのか、それとも同業の全国店舗の標準に対して店舗Bの実力とはいかほどかを知りたいのか、それを明確にすることが作業を始める前に意識するべきことです。

全体（標準）との比較

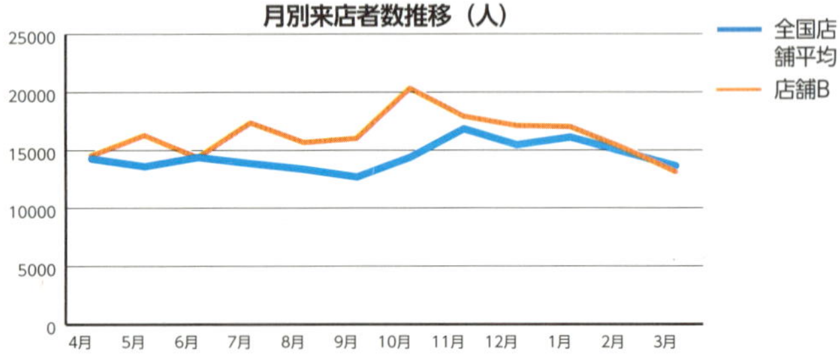

この発想は折れ線グラフだけにかぎった話ではありません。グラフでも、平均や標準偏差などの指標であっても、同じことがいえます。

データによる評価結果を効果的にだすためには、

比較

をするのです。

データの特徴を把握したり、データ同士を比較をするときに意識したい視点が2つあります。

それが「静」と「動」です。私は自分の研修などでは「静」を「スナップショット」、「動」を「トレンド」と呼んだりもしています。

つまり、折れ線グラフなどで推移や変化を示す、もしくはその変化を比較することが「動」です。動きを把握したり比較したりするからです。

一方、ある一定期間の平均や標準偏差、円グラフを用いた構成要素の表示などは「静」です。変化や動きではなく、時間や場所など一定の範囲を区切り、その中での特徴を静的にとらえるからです。

データの特徴を多面的にとらえるには、この「静」と「動」両方を組み合わせてみることで、情報の取りこぼしを避けられます。

一例で見てみましょう。

4人の営業担当の昨年度の営業成績を平均売上(月額)で表示、比較してみました。

昨年度1年という範囲における「静」の視点での情報比較です。

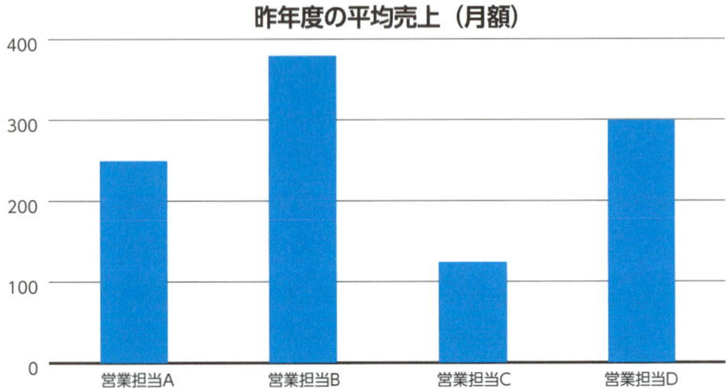

これだけを見ると、営業担当BやDがよい成績を挙げている優秀営業スタッフという評価になることでしょう。

ところが、同じ元データを「動」の視点で見てみるとこのようになりました。

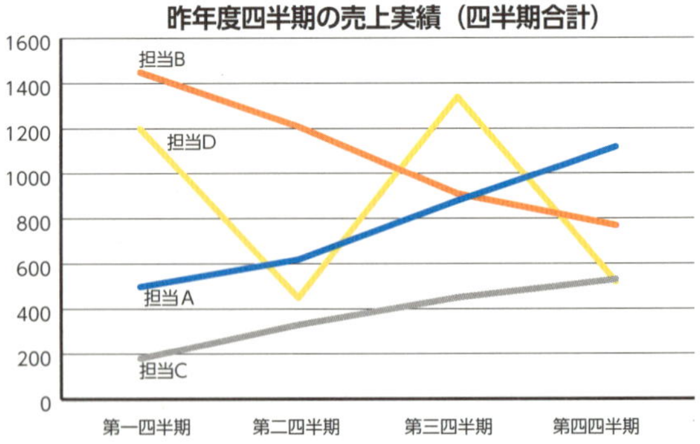

平均で「静」視点で見たものとまったく違う姿が現れています。成績優秀と思っていた営業担当Bは年間を通じて下降の一途をたどっています。また営業担当Dは四半期ごとに成績が大きくぶれています。当たるも八卦当たらぬも八卦のようなリスキーな活動をしているのかもしれません。反対に、営業担当AやCは大きな成績は数字上現れていないものの、堅調に成績を伸ばしていることがわかります。コツコツと戦略を練って、その成果がでているのかもしれません。いずれにせよ、今後への期待はかけてもよさそうですね。

このように、どちらか片方の視点だけで比較、評価すると見落としてしまうポイントがでてくるリスクがあります。

そのため、同じデータを2つの視点であわせてみることをおすすめします。

最後に、データの特徴を比較して、評価する際に気をつけるべきもう1つの点について紹介します。それは「ベースをそろえる」という点です。

データを比較するときには、両者の前提条件が同じであることが必要です。

先の事例では、営業担当AとBの平均売上（月額）を比較しました。しかしもし、営業担当AとBの月の稼働日数が違っていたらどうでしょうか？　もしくは、両者の間に担当する法人顧客の数が大きく違っていたらどうでしょう？

そのまま売上額のデータを比較することに意味がないことは明白です。なぜならその売上を実現するための前提条件がそもそも違うからです。

これは言われてみればごくあたり前のことなのですが、たとえば職場の共有フォルダーに入っていた「月額売上データ」などを盲目的に使ってグラフ化、分析をしようとすると、数字そのものからは前提の違いがわからないことも多く、見過ごしてしまいがちです。

つまり、数字がこの問題を語ってくれない代わりに、分析者が自分の思考を凝らして気がつく、思いつく必要があるのです。

分析者が
確認すべきこと

これは同じ前提での
数字なのだろうか?

平均売上額(月額):万円	
営業担当A	営業担当B
250	380

→

そのデータに影響を
与える要素はなにか?

・担当顧客数?
・稼働日数?
・担当エリア面積?
・担当商品? など

↓

どのようにデータを
加工すると適切な比較が
できるだろうか?

・担当顧客数ごと
・稼働日数ごと
・担当エリア面積ごと
・担当商品ごと など

そのデータの値に影響を与える要素はなにかをまず考えます。わかりやすい例では、比例関係にある要素です。比例関係とは、その要素は増えれば増えるほど、結果が大きく（または小さく）なるものです。売上額を例にすると、左ページの図のような要素が考えられるはずです。その違いをそのまま放置して比較することには問題があるので、その要素で割った比率で比較することが必要になります。

これが「ベースをそろえる」の意味するところです。

このように、ケースにより、実数をそのまま使って比較すればよい場合と、ベースをそろえるために比率に一度直してから比較する必要がある場合があることを常に意識しておきましょう。目の前にあるデータが、そのままあなたが使える形になっているとはかぎりません。そして、あなたが注意しないかぎり、誰も指摘してくれないことのほうが多いはずです。

最後に、「比較」をする際の“視野（発想）の広さ”の注意点について。

比較をする対象はなにか、を考えるとき、その範囲は分析者の思考範囲に制限を受けます。たとえば、自社のエリアＡからＣの実績を比較しようとする際、「本当にそれらを比較することが、いま目の前の知りたいこと、目的にとって十分で最適なのか？」を自問してみてください。

もしかすると、自社の実績を複数エリア間で比較するよりも、同じエリア内での競合他社と比較するほうが情報価値は高いかもしれません。いずれにせよ、それらは「なにを知りたいのか」という目的にいかにあっているかで左右されます。

たとえば、「エリアごとのデータを比較する」といった場合でも下表のように、目的によって比較対象が変わります。

なにを知りたいの？（目的）	なにと比較するべきか
自社内で優良エリアと、 要改善エリアを特定したい	自社エリア間で比較
各エリアでの競合状況、 自社競争力を知りたい	同一エリア内での競合他社と比較
自社計画に対する進捗度合を知りたい	予算と比較
自社の成長率をエリアごとに知りたい	前年同期比をエリアごとに比較

特に、多くの企業で盲目的に行われている「対予算」や「対前年同期」といった比較は、その目的が明確に認識されていればよいですが、「自社だけに限定された」きわめて内向きな比較であることを意識せずに機械的に比較しているケースも少なくありません。

対予算や、対前年同期との比較には、同じ市場にいる競合という“競争力”の側面がまったく考慮されていません。

このように、比較対象を選ぶ際にはぜひ「目的思考」忘れずに行ってください。

第1部 第3章

2軸の視点でデータの関係性を分析

「データの特徴把握だけ」を卒業するには、
2つのデータの組み合わせに着目します。
組み合わせの発想次第で、こんなにも多くの
深い情報が引きだせることを実感しながら学びましょう。
あなたも分析者の仲間入りです。

前章では1軸のデータによる「特徴の把握」を学びました。言い換えると、1軸だけのデータでできることは

・そのデータそのものの特徴の把握
・その特徴のほかのデータとの比較

にとどまるともいえます。これ自体、ムダなことではなく、データを扱ううえでの第一歩として必要なことといえます。なぜなら、まずは目の前の状況(データ)を把握しないと、次にどこをどのように深掘りすればよいかがわからないはずだからです。

では、さらに一歩データの見方を深めて、2種類のデータを掛けあわせてみたら(2軸で見たら)どのようなことができるようになるのでしょうか。

ここからデータの見方をより深めて、2軸で見たらなにができるようになるかを教えていくわよ!
2軸に増えるということは、1軸ではできなかったことができるようになるのかな!?

「意味ある」2つのデータを探す

2種類のデータを掛けあわせるといっても、なんでも適当に2種類を選べばよいということではありません。「なにかしらの関係性があるだろう」という予測のもとに選ぶことが効果的です。ここでいう「なにかしらの関係性」とはたとえば次のようなものが挙げられます。

おもな関係性	例
因果関係	・広告宣伝費　—　売上額 ・学習時間　—　テストの平均点 ・摂取カロリー　—　体重増分
相反関係	・飲み会主席回数　—　貯金残高 ・移動時間　—　交通費（在来線は新幹線より安いが時間がよりかかる）
共通（類似）関係	・気温と湿度（夏と冬の違い） ・身長と体重 ・ホンダと日産の月別の新車販売台数

これらはあくまで一例ですが、2種類のデータの間には、その関係性を説明するストーリーがあります。

たとえば、「広告宣伝費と売上額」について見れば、“広告宣伝費を増やせば、商品やお店がより多くの人の目にとまり、商品やお店に人がより多く集まる。その結果、商品がより多く売れ、売上額も増える”というストーリーが描けることでしょう。

このような、分析前の想定のことを「仮説」と呼びます。

「仮説」を分析前にもつことは、データ分析においてはとても重要で（詳細は第2部で解説します）、特に2軸の視点でデータから有効な情報を効率的に引きだす場合には欠かせません。なぜなら、まったく仮説の立たない、意味のない2つのデータ間の関係を可視化したところで、そこから得られるものはないからです。

もちろん、当初想定もできなかった“大発見”に偶然にも遭遇し、きわめて貴重な情報を入手できる可能性もゼロではありませんが、かける労力や時間などのコストに対して、その確率はきわめて低いといえるでしょう。そのような非効率、ムダを極力避けるためにも、まずは仮説にもとづいた「意味のある」データの組み合わせに着目するようにしましょう。

2データの関係性を可視化する

2種類のデータの関係性をどのように見ればよいのでしょうか。

その典型的な方法の1つが「散布図」です。散布図とは、2種類のデータをそれぞれ縦軸と横軸に取り、各データの値にもとづいてその場所に点を表示する（プロットするともいいます）方法です。散布図も、ほかの折れグラフや棒グラフなどと同様、Excelなどで簡単につくれるグラフの1つです。特別な知識や理論の理解が必要となるわけではありません。

一例として、週ごとの「広告宣伝費」と「売上額」のデータを使って、両者の関係性を散布図で可視化してみましょう。

右はExcelを使った散布図の例です。もとのデータだけではたんなる数字の羅列ですので、「広告宣伝費」と「売上額」の間にはどのような関係があるのか、もしくは関係などないのかなど評価することが難しいですね。

	広告宣伝費(万円)	売上額(万円)
第1週	8	160
第2週	17	170
第3週	13	190
第4週	15	100
第5週	16	170
第6週	18	250
第7週	3	70
第8週	14	200
第9週	7	100
第10週	11	130
第11週	19	250
第12週	4	140
第13週	16	150
第14週	22	270
第15週	9	130
第16週	6	160
第17週	13	180
第18週	15	220
第19週	3	60
第20週	17	170
第21週	16	180
第22週	9	110
第23週	13	190
第24週	9	120
第25週	8	130

広告宣伝費−売上額の散布図

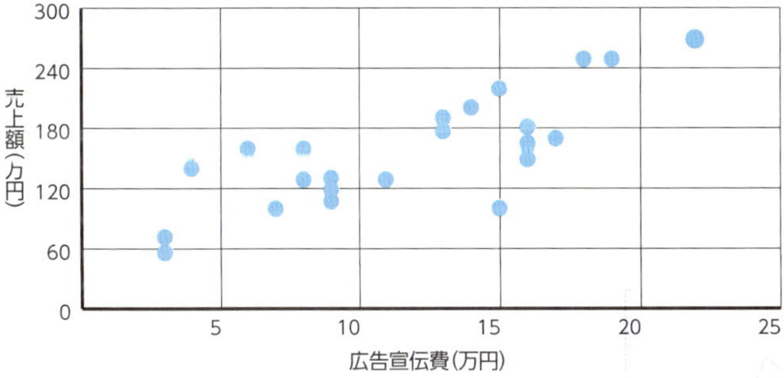

これを、「広告宣伝費」を横軸に、「売上額」を縦軸に取った散布図に示すことで、視覚的な評価が可能になります。この例では、個々のデータを見れば多少のバラつきはありますが、広告宣伝費を使えば使うほど売上高が増えていく、すなわち“右肩上がり”の傾向が確認できますね。

この結果解釈が妥当だとすれば、たんに毎週の売上額だけを見て「増えた、減った」という“結果確認”や“現状把握”といったかぎられた情報取得を卒業し、売上高という結果と、広告宣伝費という要因との結びつきの関係から、より深く広い情報取得ができるようになります。

もちろん、このような右肩上がりの傾向だけではありません。

下記は、「飛行機」「新幹線」「高速バス」「在来線」について、東京駅―大阪駅間を移動するのに標準的にかかる時間と交通費を2軸に取って示した散布図です（Yahoo！路線図での検索結果にも

東京ー大阪間の交通異移動

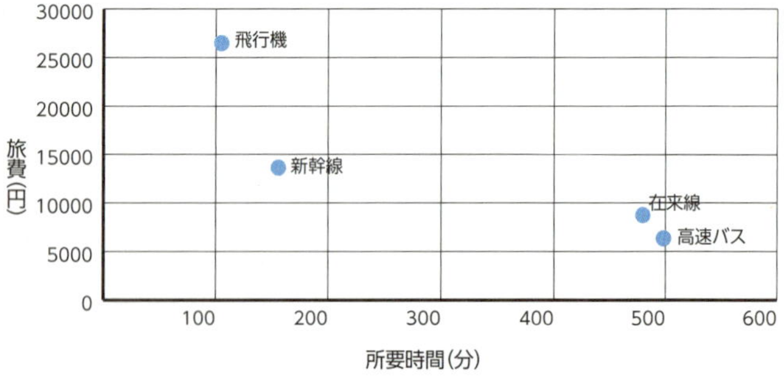

とづく概算値。待ち時間を除く）。

4つのデータだけではありますが、時間をかければかけるほど旅費は安くなる、すなわち右肩下がりの傾向が確認できます。「時は金なり」をそのまま証明した結果といえますね。

ほかにも散布図の結果のバリエーションは考えられます。

たとえば、ある食品売り場で、焼き肉のタレをたくさん販売すべく、牛肉のパックの近くで目立つように意図的に陳列したとします。期待としては、牛肉パックが売れれば売れるほど、それにともなって焼き肉のタレも売れていく、という筋書きですが、販売個数の実績データを24日間にわたりモニターし、散布図に示したところ、以下のような結果であったとします。

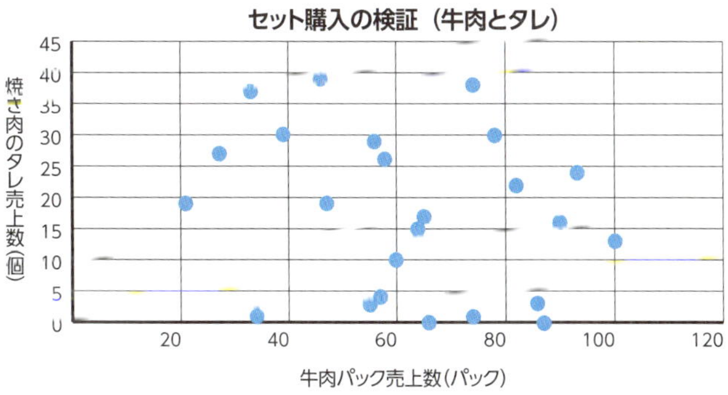

当初の目論見は、右肩上がりの傾向を期待していたところですが、どうもその傾向はここからは見受けられません。つまり、目論見（仮説）は適切ではなかったと結論づけられそうですね。このように、散布図が常になにかしらの傾向をわかりやすく示してくれるとはかぎりません。むしろこのように明確な特徴がつかめないというケースのほうが圧倒的に多いのではないかとすら思います。

ただ、「なにも明確な傾向がない」結論に至る分析そのものがムダであったことにはなりません。データ分析の結果から、当初の仮説が適切ではなかったという“示唆”は十分価値があるものです。なぜなら、その次には「ではなぜ、仮説は間違っていたのか」「どのような仮説が次に考えられるか」といった一歩先の検討に進めるからです。

このような分析や検証をせずに、仮説を妄信しているほうがよほど問題のある状況といえます。

ほかにも散布図で確認できる2軸の関係には、次のようなものもあります。

たとえなにも傾向が
ないという結論がでても、
それはムダではなく、
仮説の検証や一歩先の
検討につなげることが
できるのよ

図の事例の値はダミーですが、2軸の関係はかならずしも単純な直線で示せるとはかぎりません。この図のようにV字に近かったり、曲線的もしくはなにかしらの規則性をもった傾向なども見つかるかもしれません。

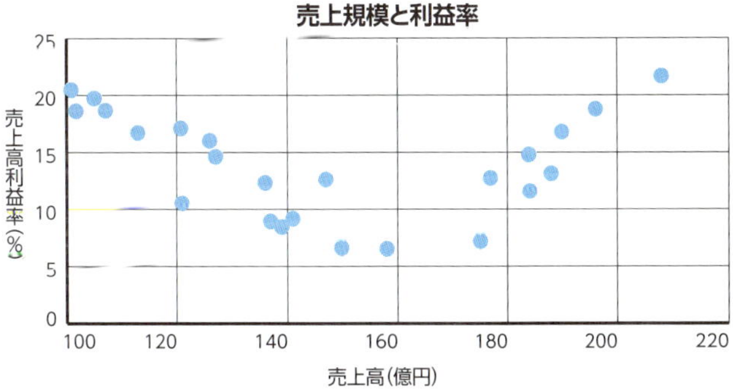

そのような場合には特に、「なぜそのような傾向が見られるのか」という背景や要因をさらに別途深掘りして調べるきっかけとなります。これが直線的な関係だと、その要因や背景を言い当てることは、より簡単だと思いますが、そうでない場合には、さらなる情報が必要となる場合も少なくありません。

たとえば、この事例では、売上高が中程度の企業群がなぜ利益率が低いのか、に対する答えは図の中からは推測はできても、本当のところはわかりません。「中程度の企業」にフォーカスを絞った情報やデータを集め、検証することでより本質的な要因にたどり着くことでしょう。

2軸視点へのシフトで得られる絶大な価値とは

ビジネスを始めとする多くの活動は、なにかしらのインプット(要因)があって、アウトプット(結果)がでてきます。データを1軸だけで見ているかぎり、この「アウトプット」にしか着目することができません。一方、インプットとの関わりを見ることで、「なぜそういう結果になったのか」といった深掘りができるようになります。ここには、多くの情報が埋まっていることが多く、分析者が意図的に有効なデータの組み合わせを選択して、グラフ化などで可視化することで初めてその姿が表に現れるようになるのです。

このように、視点や発想を1軸だけから2軸へとシフトすることが、データ分析から多くの示唆を得るための扉を開きます。

東京ー大阪間の交通異移動

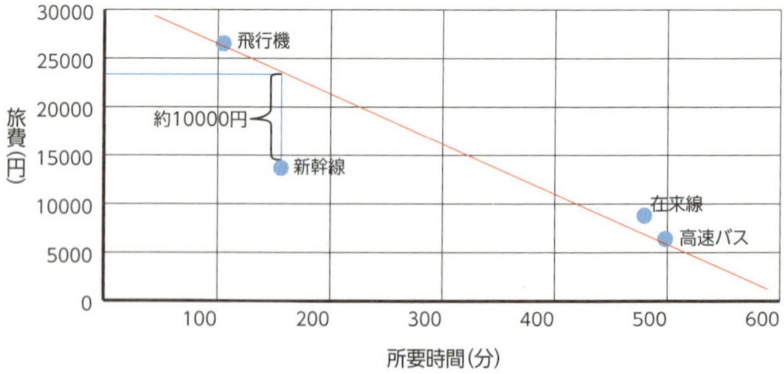

また、散布図による関係性の確認、評価はなにもデータ全体の傾向をこのようにおおまかにとらえるだけではありません。この散布図を見て、なんとなく「飛行機」と「在来線」「高速バス」の3点が直線的に並んでいることに気づけば、そこに線を引いてみると新たな視点が生まれます。

この3点は、所要時間と旅費がほぼ比例関係(直線上に位置する)にありますが、新幹線だけが外れています。これは、新幹線は、所要時間に対して、割安な旅費で利用できることを示しています。もしすべての交通手段で、旅費が移動時間と比例しているとすれば、新幹線についても、散布図から、おおよそ24000円前後の旅費となってもおかしくないといえるでしょう。それが約14000円で利用できるわけですから、1万円近く"理論値"よりも割安な交通手段だということがわかりますね。

このように、全体の傾向やほかのデータから見える標準値や標準範囲との差があるデータを視覚的に見つけ、そこからなにかしらの示唆や背景を見いだせることも、この2軸視点、散布図の魅力といえます。

「結果の確認だけ」から「示唆あるストーリーの取得」へ

これが価値の高い分析といえるでしょう。そして、このような簡単な散布図をつくることだけでもこれを実現することが可能だということをぜひ覚えていただき、気軽に使ってみていただきたいと思います。

2軸で見るときの注意点

このように、散布図による視覚化によって、簡便にその関係性を示し、そこから多くの示唆を得ることができます。とても簡単である一方、忘れてはいけないいくつかの注意点について紹介しておきます。

(1)対応時期の問題

2つのデータを適切に対応させているか否かという問題です。具体的には、たとえば先に紹介した「広告宣伝費」と「売上額」の場合、ある週に計上した広告宣伝費と、その週に売上た実績としての額を対応させています。この1つひとつの対応が、散布図での1つの点(プロットともいいます)になっています。

ここで考えたいことは、この対応ははたして合理的、適切なのだろうかという点です。

つまり、広告宣伝に費用を使う(計上する)タイミング(週)と同じタイミングでの売上実績額を対応させることは、本当に妥当なのでしょうか?

お金を使ってから広告宣伝に実際に使われる材料(たとえばチラシやウェブサイト、コマーシャルなど)が完成するまでに、ふつうは一定の時間がかかるものです。また、それがお客様の目にとまり、実際に購入されるまでにもある程度の時間がかかると考えるほうが自然ですよね。

もしそう考えるほうが、より現実的、妥当であれば、データの対応をいま一度見直してみる必要がでてきます。つまり、広告宣伝費を使うタイミングと、その効果が販売に反映されたと考えられるタイミングとを対応させ直す必要があります。仮にその間隔を3週間とするならば、データの対応も3週間分ずらしたもので散布図に示す必要がでてきます。

作業としては、以下のようにデータを3週間分ずらし、両データの範囲が重なった部分についての散布図をつくる必要があります。

	広告宣伝費(万円)	売上額(万円)
第1週		160
第2週		170
第3週		190
第4週	8	100
第5週	17	170
第6週	13	250
第7週	15	70
第8週	16	200
第9週	18	100
第10週	3	130
第11週	14	250
第12週	7	140
第13週	11	150
第14週	19	270
第15週	4	130
第16週	16	160
第17週	22	180
第18週	9	220
第19週	6	60
第20週	13	170
第21週	15	180
第22週	3	110
第23週	17	190
第24週	16	120
第25週	9	130
第26週	13	
第27週	9	
第28週	8	

ちなみに、この期間を3週間分ずらして対応を見直した結果が次のようになりました。

広告宣伝費−売上額の散布図（期間対応後）

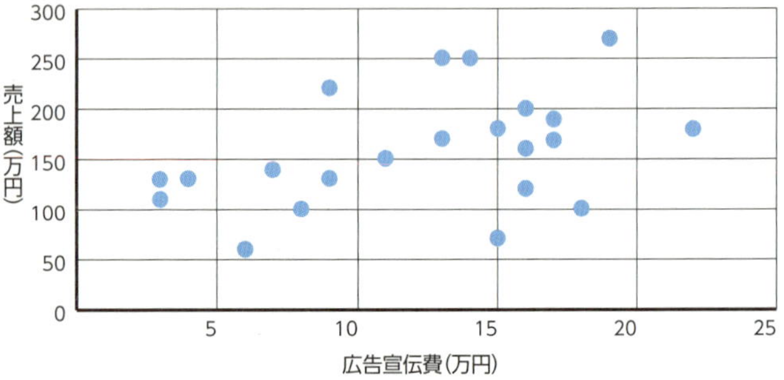

全体として、なんとなく右肩上がりの傾向があるように見えますが、対応見直し前の散布図と比べると、その傾向のシャープさが薄れていることがわかります。

このように、単純に「そこにデータがあったので機械的に散布図をつくる」ということにはリスクがあることを覚えておきましょう。また、そのデータが示すもの、その周辺にある前提や条件などを現実的に考えてみることで、必要な調整も行いましょう。

(2) どちらを縦軸、横軸にするかの問題

絶対的なルールや決まりではありませんが、通常は縦軸に結果（アウトプット）を表示し、横軸に原因や入力（インプット）を表示させることが多いです。もちろん、2つのデータがアウトプット−インプットの関係になっていないものはかならずしもこのかぎり

ではありません。

いちばんわかりやすい例で、先に扱った「広告宣伝費」と「売上額」の事例データを使って、縦軸と横軸を入れ替えた散布図を比較して見てみましょう。

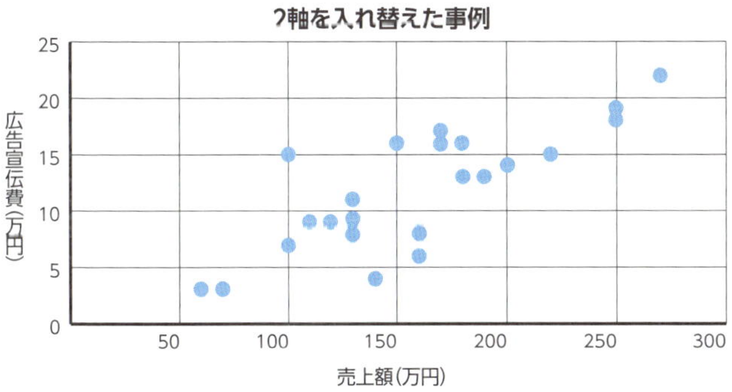

いずれも全体の傾向は右肩上がりです。一般的には、もとの散布図からは「広告宣伝費を挙げたら売上額も上がる」というストーリーがすんなりと読み取れると思いますが、同じストーリーを軸を入れ替えた散布図から読み取ろうとすると、少し苦労するのではないでしょうか。

この散布図をそのまま読み取ると「売上額が高かったときの広告宣伝費を見ると、多く費やしていた」というストーリーのほうがしっくりきます。

いずれも縦横を入れ替えただけなのですが、それだけでストーリーの構成や全体の意図が変わる可能性を意味しています。

この点を考えずに機械的に散布図をつくった結果、その解釈に苦労している人も少なくありません。散布図をつくる前に、どちらがアウトプットなるべきかを考えてから散布図をつくりましょう。

どうだった？
縦軸と横軸を入れ替えただけでも、
ストーリー構成や全体の意図が
まったく変わってきたでしょ！
だから機械的にグラフをつくる
だけではダメなのよ。
どちらがアウトプットなるべきかを
先に考えておかなきゃね!!

ちなみに、Excelで最初の対象データ範囲を選択してから散布図をつくる場合には、右側の列にあるデータが縦軸にくることを知っておくと便利だと思います。必要に応じて列の順番を入れ替える、またはデータを選択せずに散布図を選び、あとから縦軸、横軸のデータ範囲を個別に指定することでこの問題に対応できます。

(3) 因果関係を保証しない（解釈の問題）

すでにご紹介した事例のなかにも、縦軸を結果、横軸を原因であることを前提としたものがありました。当然、データ分析をした結果から、意味のある情報を取得するためには、なにかしらの“解釈”を分析者が行う必要があります。

ただし、この際にどこまでがデータ分析の客観的な結果で、どこからが分析者による解釈であるのかを意識することも重要です。

たとえば先の「広告宣伝費」と「売上額」の事例では、広告宣伝費が原因で、売上額がその結果だと解釈することに違和感はないでしょう。つまり、常識的にそこに因果関係という解釈を加えているわけです。一方で、散布図が示すものはあくまで両者の比例に近い関係（直線的な関係）にすぎないのです。決して散布図そのものが、「こちらが“原因”で、こちらがその“結果”です」とは示していないことに注意が必要です。

この事例のように、解釈が難しくないケースでは問題になりませんが、「当然こういう因果関係でしょう」と分析者の勝手な解釈で、事実を誤解するリスクは常に起こりえるのです。

たとえばある会社の全事業部で従業員満足度調査の平均点と利益率について2軸、散布図で次のように示した結果、右肩上がりの傾向が確認できたとしましょう。

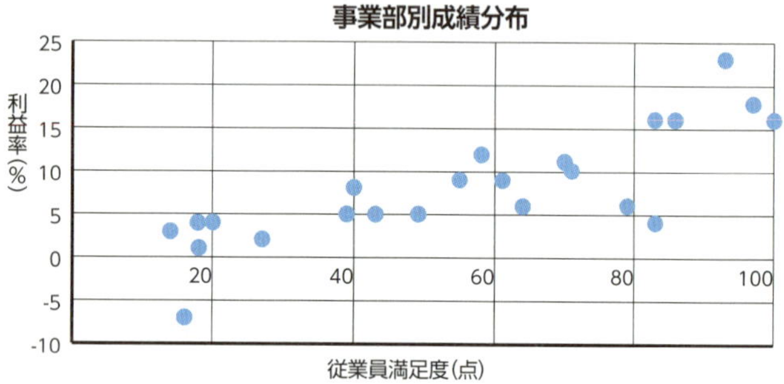

ある人は「やはり従業員満足度が高いと事業にも好影響があり、結果利益が高い」という解釈をするかもしれません。それがゆえに、「従業員満足度」がインプットとして横軸として選ばれてもいます。

ところが、違う人は、同じデータを使って、右のような散布図をつくりました。

この人は、「利益率が高い事業部はボーナスも昇給率も高いので、従業員はみんな満足度が高いんだ」という解釈をしています。

このように、同じデータであっても、分析者がどのように解釈を加えるかによって、そのストーリーが変わってくることがあります。

データ分析とは人の意思が介在しない客観的で正確なものだ。

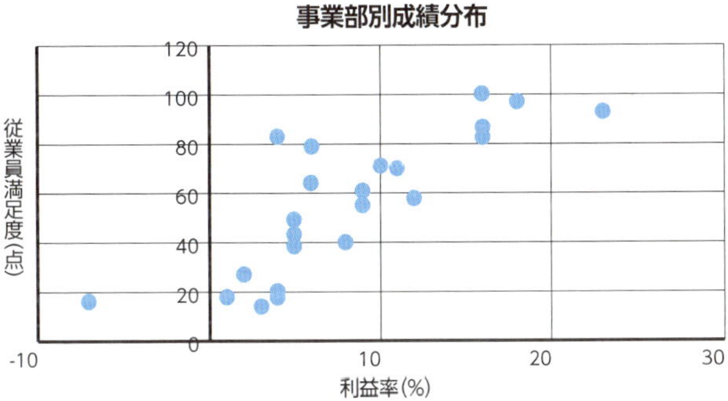

という認識をもっていた人は、少し認識を修正する必要がありそうです。

このような単純な分析であっても、分析者の解釈や裁量の範囲は多く、それによって結果や結論は大きく変わりえるのです。

そのリスクを減らすためにも、ほかの情報で解釈を補強することも手段の1つです。

また、「因果関係の有無」だけにフォーカスすれば、因果関係はかならず「原因」が時間的に先に起こり、「結果」はそのあとに起こります。データの変化のタイミングを確認し、先に変化が起こるほうが原因だと見る簡便な確認方法も知っておくと便利でしょう。

定性的情報の2軸マトリックス ～クロス集計表～

ここまでは、定量的(数値)データを扱うための散布図を紹介しました。

データはすべてが定量的ともかぎりません。定性的なデータを扱う場合もあり、“2軸で分析する”という観点から、クロス集計表という手法もここで簡単に紹介します。

たとえば右上のような定性データが、アンケートなどから得られたとしましょう。どのようなステータスで、おもにどの機器を通信手段として使用しているかを聞いたものです。

質的データですので、いわゆる数値情報はありません。

その数をカウントすることで、右下にあるような表にその数を整理することができます。

これがクロス集計表と呼ばれるものです。

最後にクロス集計表の
手法を教えておくわね。
まずは質的データをどうや
ってクロス集計表にまとめ
るかを見てみましょう!!

ステータス	おもな通信機器
大学生	スマホ
大学生	携帯
大学生	タブレット
リタイア	タブレット
社会人	タブレット
リタイア	携帯
リタイア	携帯
社会人	スマホ
大学生	スマホ
社会人	タブレット
社会人	携帯
大学生	タブレット
社会人	スマホ
大学生	スマホ
社会人	スマホ
社会人	携帯
大学生	タブレット
社会人	携帯
リタイア	スマホ
社会人	スマホ
大学生	タブレット
リタイア	タブレット
社会人	スマホ
:	:

	スマホ	携帯	タブレット	合計
大学生	55	15	42	112
社会人	40	33	26	99
リタイア	21	60	39	120
合計	116	108	107	331

縦軸にステータス、横軸に機器の種類を取っています。

これをそのまま眺めていても、たとえば各ステータスの合計人数が異なることなどから、これらの数値を比較してもなにも示唆を得ることができません。

そこで、クロス集計表は縦軸もしくは横軸のどちらかの合計を100%とした構成比率で表示することが一般的です。

ここでは、ステータスごとの構成比で表示し直してみましょう。その結果がこちらです(数値はダミーです)。

	スマホ	携帯	タブレット	
大学生	49%	13%	38%	100%
社会人	40%	33%	26%	100%
リタイア	18%	50%	33%	100%
合計	35%	33%	32%	100%

縦軸と横軸のどちらかの合計を
100%の構成比率で表示したら、
こんなにわかりやすくなるんだな!!

機器合計の構成比を見ると、35%、33%、32%と全体としてはさほど機器間の差は大きくないようです。ところが、たとえば携帯をおもに使っている比率は圧倒的にリタイア組に多く、大学生ではとても低いという特徴が見えます。

このように、ほかと比べて大きい/小さい比率に着目することで、特徴的なポイントを見いだし、解釈を加えることでストーリーが描けます。もちろん、目立った特徴的なポイントはなく、どの項目も同じような比率であることもあります。それはそれで「差がない」という立派な結果といえます。

ここでは、単純な例でクロス集計表を紹介しましたが、Excelを使えば「ピボットテーブル」という機能を使い、自由自在に縦軸・横軸の定義やデータの区分を変えながらクロス集計表を作成したり、変化させたりすることができます。質的データをカウントした数値だけでなく、定量的なデータも含めた表記も可能です。

複数の仮説をもち、それぞれの軸の組み合わせの表をつくってみたり、1つの結果から、次の仮説を導きだし、その検証に必要なデータの組み合わせで新たな表を簡単につくってみる、といった探索的な分析をするときには、その結果が瞬時にだせるという意味で特に効率的なツールといえるでしょう。その結果をさまざまなグラフに表示することも簡単にできます。

ただ、あまり無目的に多くの組み合わせによる表をたくさんつくっても、情報量ばかりが増え結果として全体としての傾向やストーリーが読み取りづらくなってしまっては本末転倒です。

やはり、最初にある程度の仮説をもつことを私はおすすめしています。

第2部 第1章

データ分析を実務に活かすには

個々の分析手法を知っているだけでは、
仕事に分析を活かすには至りません。
そのためには、活かすための“手順（プロセス）”を
知る必要があります。仕事に活かして
成果をだすためのプロセスと思考を学びましょう。

せっかくデータ分析の「やり方」を覚えても、いざ自分の目の前の実務課題に応用しようとすると、頭も手も凍りついたかのようにストップしてしまう、という経験はないでしょうか。データ分析専門家ではない、一般実務家の多くの人が、「習っても結局使えない」理由には、実は共通の課題があるのです。

仕事でデータ分析を使うためのプロセスを知る

仕事にデータやデータ分析を活かそうと思いつつも、いつも気がつくといろいろな形でのグラフや表が完成しているだけ、という人に共通する点がこちらです。

目的や仮説をもたずに、まず手を動かしてしまう

ここで注目していただきたいポイントは、「目的」と「仮説」です。この2点を理解するために、そもそもデータ分析でなにをしようとしているのかを考えてみましょう。

そもそもデータ分析でなにをしようとしているのかしら？もう一度考えてみて!!

仕事でデータ分析を使うおもな目的は大きく2つあります。

(1)現状把握

1つは、「現状を把握すること」。つまり、先月の売上はどうだったのかや、競争の激しい市場の中で自社はどのようなポジションを築けているのか、お客様の購買行動はこの1年でどう変わったのか、など、まずは状況を客観的に把握したい、という目的です。

ここで求められることは、「データをいかに見やすく、わかりやすいように整理/加工するか」です。これは広い意味での「データ分析」の一部かもしれませんが、私は次に紹介するもう1つのケース(課題解決)と明確に区別するために、あえてこれを「データ整理」と呼んでいます。表面に見えている現象や結果を示すデータの範囲で考えているため、データを平面的にとらえている段階ともいえるでしょう。本書で「データを1軸でとらえる」と紹介してきた内容はここに該当します。ポイントは、いかにデータを“広く”多面的にとらえ、情報を引きだすかです。

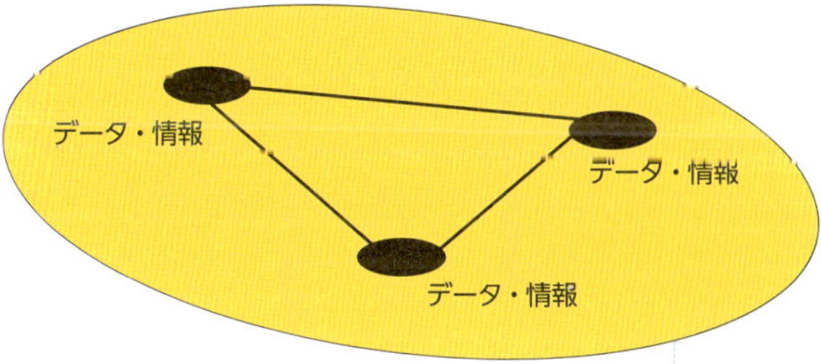

データを多面的に見て広げることで、
点から線や面に情報は広がる。発想は「平面的」

(2) 課題解決

もう1つが、「問題の原因や、起こっていることの背景や理由を突き止め、課題解決につなげること」です。

表にでている現象や結果/実績データだけでなく、それと関連するほかのデータとの関係性などに着目し、裏にある要因を突き止めます。つまり、表に見える現象の「データ整理」から出発し、ポイントを絞って深く掘り下げることで、その背景にある示唆を見つけだします。これこそが、私が定義する「データ分析」そのものです。「データ整理」と比べ、平面から下に向かって掘り下げるため、データを立体的にとらえる視点といえます。

本書で「データを2軸でとらえる」と紹介したものが、ここに該当します。ポイントは、いかに“深く”関係性を掘りだせるかです。

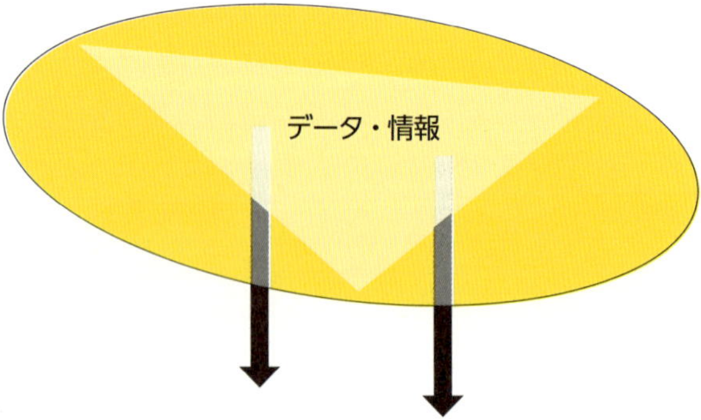

課題となるポイントを深堀することで、
要因を特定する。発想は「立体的」

当然、突き止めた要因をレポートにまとめることがゴールではありません。その結果にもとづいて改善や解決など、適切な“アクション”を取り、結果をだすことが実務家としての最終ゴールであることはいうまでもありませんね。

思いつきではなく、客観的な根拠にもとづいて効果的・効率的な施策やアクションを取れることが組織や個人としての競争力そのものになりますので、そのための指針となるデータ分析結果はきわめて重要になるのです。

誤解いただきたくないのは「データ整理」と「データ分析」のどちらがよい・悪いということではありません。やっていることと、その目的が違うのです。また、「データ分析」に至る前段階ではかならず「データ整理」が必要となります。現状を把握できていないのに、どこを深掘りすればよいかはわからないためです。

では、これら「データ整理」と「データ分析」は、全体のプロセスの中でどこに関わってくるのでしょうか。

まずは一般的な課題解決のためのプロセスを見てみましょう。

これを理解するために、それぞれのステップについて見てみます。

(1) 課題定義

どのような課題であるのかをできるだけ具体的に定義します。課題の代わりに目的やゴールであってもかまいません。少なくとも、なにが本質的に実現したいのかが明確であるか、という問題です。

課題など最初からわかっている、という人も多いのですが、たとえば次のような観点で再度本当に具体的で明確かを考えてほしいのです。

・使われている言葉に曖昧さはないか

たとえば「激減」や「このところ」など、ニュアンスはなんとなく伝わる一方、人によって具体的な理解が異なるリスクがあるものをそのまま放置していないでしょうか。激減とは2割減のことでしょうか？ 5割減のことでしょうか？ この解釈は人によって共通とはかぎりません。そこが違えば、最初の課題認識やどこまで改善すればよいのかといったゴール設定まで変わってきます。

・定量化できるところはないか

言葉の曖昧さを減らす手段の1つでもありますが、たとえば「激減」とは、いつの時点と比べて減ったといっているのかなど、具体的に数字にしようとすると、明確にしなくてはいけないポイントもおのずと見えてきます。その結果、相手との理解の祖語も防ぐことができます

・誰の視点か

同じ現象であっても、異なる関係者（ステークホルダーともいいます）によって、課題のとらえ方がまったく違うこともあります。

たとえば、「売上が減った」といっても、その商品の担当営業には解決すべき深刻な問題ではありますが、経営者にとっては、売上が減っても全体の利益が確保されていれば問題ではない、となるかもしれません(それぞれのゴールが違えば、そもそも課題か否かも違うのです)。

(2) 現状把握

課題にまつわる状況をより正確に、網羅的に把握するために大きな視点で現状把握をします。これはすでに多くの人がやっていることではないでしょうか？

売上実績をグラフ化する、商品別の売上を表にまとめて毎月アップデートする、などの行為も現状把握の一部です。一方、“課題”とは、あるべき姿と現状とのギャップのことでもあるので、(1)課題定義と(2)現状把握は同時、または互いに行き来しつつ、詰めていくことが現実的です。

どのような課題であるのかを
定義したら、課題にまつわる
現状把握をしてみましょう!

(3) 課題ポイントの特定（WHAT）

現状把握では、全体像を把握するためにおおまかなとらえ方をします。たとえば、毎月の売上総額の推移、などです。一方、「売上総額」といった“総数”をいろいろな角度から眺めていても、おおまかな傾向はわかるものの、いったいその中でなにが起こっているかをうかがい知ることができません。そのためには、データを分解してその中身をのぞき込まなければならないのです。分解の切り口はその課題ごとに、なにが効果的かが変わってきます。これを適切に選び取って分解できれば、外からは見えなかった情報にたどり着き、たとえば「この商品で大きな問題が起こっています」や「この地域での集客が伸び悩んでいて、売上減に大きく影響しています」など、次に深掘りすべき“課題ポイント”が特定できます。

“WHAT”と記したのは、「なにが（どこが）問題か」を突き止めるステップ、という意図です。

(4) 要因の特定（WHY）

課題ポイントが特定できれば、次に考えるべきことは「ではなぜそこで問題が起こっているのだろうか」のはずです。つまり、“問題はここにありました”で終わりにするのではなく、原因や理由、背景を知ることが必要になります。ここで初めていわゆる「データ分析」が活躍します。なぜなら、データ整理・加工で、どのような問題がどこで起こっているという“現象”を特定できても、“なぜ？”という深掘りをするには、データを平面的に（1軸で）とらえるだけでは不十分だからです。2軸の視点を取り入れることで、立体的な深掘りに入ることができるのです。

“WHY”と記したのは、「なぜ」を突き止めるステップ、という意図です。

(5) 方策の検討

最終ステップは、特定された要因にもとづいて、必要な方策(アクション)を検討します。ここはデータが活躍するというよりも、定性的な議論のほうが現実的ではないかと思います。

複数の関係者でアイデアをだし、効果の程度や必要なコストやリソースなどを評価基準に、優先度を決めて実行につなげます。長い目で見れば、実行の効果を評価し、必要に応じて修正を加えることも必要でしょう。いわゆるPDCA (Plan-Do-Check-Action) サイクル、と呼ばれる行為です。

ここまでで、プロセスの各ステップの概略はおわかりいただけたかと思いますが、これをたんに理解しただけでは、各ステップを前に進めることに苦労する人がまだまだたくさん残ると思われます。

そこで、ステップを前に進めるために必要なものが「仮説」です。

現状把握したら、課題ポイントを特定し、
その原因を突き止めて、
必要なアクションを検討するの!
そのために必要なのが「仮説」なのよ!!

各ステップを前に進めるには仮説が必要

仮説と聞くとなんだか難しいイメージを抱く人もいるのではないでしょうか？

また、データ分析といえば、ボタンを押せば客観的で正確な“正解”がポンッとでてくるようなイメージをもっている人こそ、「なんでデータ分析に仮説なんて必要なのか」という疑問を抱くかもしれません。

ずばり、

データ分析はそのやり方（操作法）や理論、プロセスをわかっているだけでは、実務に活かせる示唆（意味ある情報）を引きだすことができない

のです。

この事実から目を背けているかぎり、ずっと「グラフ作成しかできない」を卒業できないと思ってください。

これを克服するために必要なことが、先に述べた「目的」とあわせて「仮説」ということになります。

特に実務データ分析で必要となる仮説とは、

“答え（ストーリー）”を先に、具体的にイメージすること

だと考えています。

「どこかのボタンを押せばデータが自動的に答えをだしてくれる」のではなく、まず
「こんなことになっているのだろう」という想定を自分で置いて、それをデータを使って確かめる、検証する行為がデータ分析だと考えてください。

　つまり、仮説や目的のないデータ分析など本来ありえないのです。それでもデータをイジルことはパソコンがあればできてしまう（たとえば、"とりあえずグラフ化"）ために、多くの人がそこでデータに溺れているのです。

考えること（目的や仮説を設定する）が、手を動かす（データをいじる）前に必要

であることをぜひ覚えておいてください。

仮説の立て方を考えてみる

課題ポイントの特定でも要因特定の場合でも共通的にいえる一般的なイメージとしては、下図のようになります。

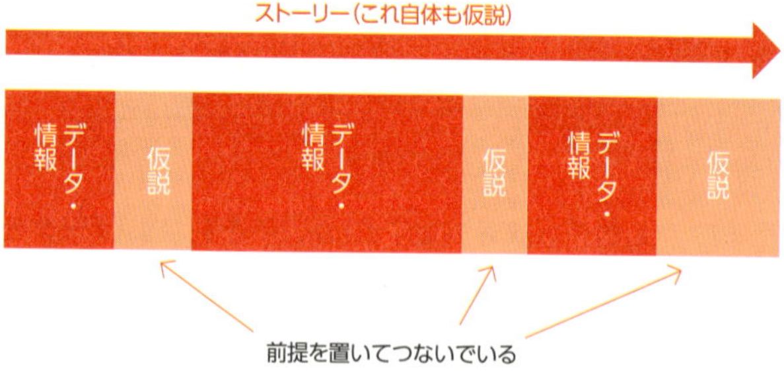

ふだん身のまわりにあるデータや情報は、断片的なものであることが多いのです。それをつなぎあわせ、1つの大きなストーリーを描くことが最終的なゴールです。

ストーリーとはたとえば、

「ここ半年の売上減は、関東地区の集客が落ちた影響がもっとも大きな課題だ。そのおもな要因は、これまでの宣伝広告がお客様に効かなくなってきたことによる」

といった内容です。

最初の段階では、仮説によって、断片的な既存のデータ・情報が部分的につなぎあわさった状態かもしれません（全体として一貫した大きなストーリーをなんの手がかりもなく最初から立てるにはハードルが高いためです）。

この例でいえば、「関東地区は他地区よりも減少幅が大きく、影響が大きいはずだ」や「広告宣伝の効果が集客に影響しているはずだ」といった、（小さな）仮説です。

これらの仮説を個々に検証するためには、

- **どのようなデータが必要だろうか**
- **どのような分析（手法）で検証できるだろうか**

を考えれば、おのずと必要なデータと分析のやり方が決まってきます（実際にそのデータが入手できるかどうかや、適切な分析手法を知っているか、使いこなせるか、は別な問題として現実的にはあります）。

先にご紹介した課題解決プロセスの中で仮説がどのように使われるのかを簡単な具体例で見てみましょう。

仮説ってどう立てればいいのかな？
具体的な例で考えるとわかるかも!?

・現状把握

やること	アウトプット
情報（データ）を可視化し整理する	かぎられた情報をつなぎ、現状を示すストーリーをつくる

よくある思考プロセス（イメージ）

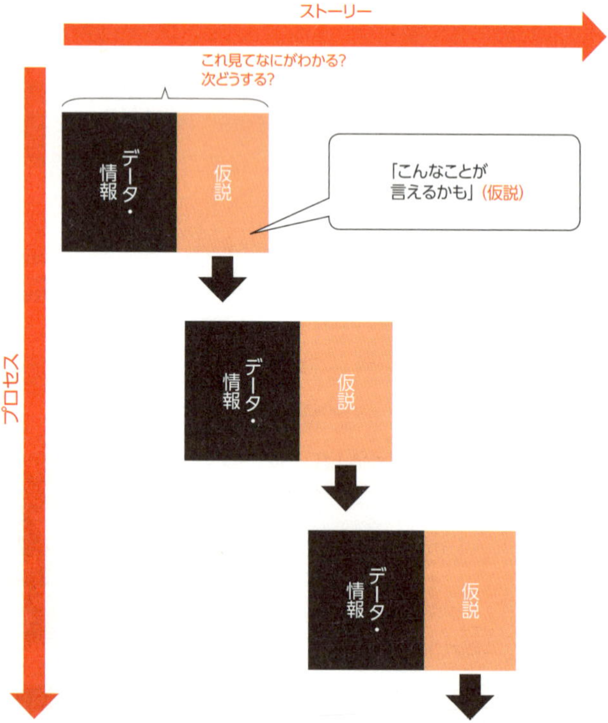

「現状把握」では、具体的なゴールを最初から明確に描くことが難しいことが多く（現状が把握される前なのでそのほうが自然ですね）、まずは目の前のデータや情報をグラフや表などで加工し、そこから読み取れること、新しい発見を整理します。そのうえで新たな仮説を導きだし、その検証に必要なデータを集めます。これを繰り返した結果をつなぎあわせることで、最終的に現状把握のストーリーが完成します。

たとえば、ある地域の人口問題に取り組むべく、その地域の人口について現状把握してみようとします。仮に最初に過去数十年分の人口の推移をグラフなどで示すと、確かに人口が減っていることがわかったとします。

おそらくそれを見て次に思うことは「ではほかの隣接地域と比べて相対的にどう見えるのだろう？」や、「“減少”といっても、絶対値だけでなく、減少“率”はどう変わっているのだろう。それによって、減少が加速しているか否かがわかるのではないか」などの仮説がでてくるかもしれません。そしてその検証に必要なデータを集めて確認するのです。

これらをつなぎあわせると、たとえば次のようなストーリーが完成します。

「わが町は過去50年間で人口が8万人から3万人まで減少した。10年ごとの減少率を見ても、最近10年の減少率は著しく、減少が加速していることが確認できる。また、隣接4地域と減少率で比較すると、2番目に減少率が大きく深刻な問題であることが再度確認できた」

・課題ポイント特定

やること	アウトプット
データを分解し、その中を覗く。比較により、違いを見つける	比較結果から、深堀りすべき課題ポイントを特定する

よくある思考プロセス（イメージ）

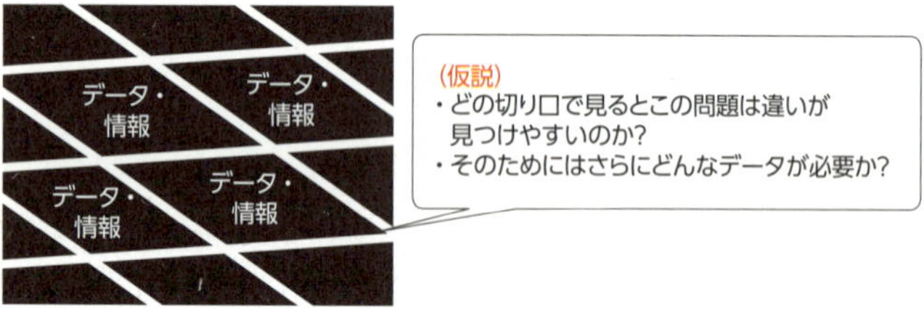

現状の傾向をおおまか（全体的）に把握するだけでなく、より具体的な課題ポイントを特定するためには、データを分解することが最初に求められます。データは四則演算で分解することはさほど難しくありませんが、なんでも機械的に分解すればよいというわけではありません。各課題にとって、どのような切り口が有効であるかを考えます。「きっとこのように分解すれば、問題の場所が表に現れやすいのではないか」と考えることも仮説の1つです。分解したあとには、お互いに比較をすることで相対的な差をあぶ

りだします。そこで浮きでたポイントが課題であることが多いといえます。

たとえば、先の人口問題では、

「地域の人口とひとくくりにしても実態が見えにくいため、年齢で分解してみたら、どの年齢層が減少に大きく影響しているかがわかるのではないか。具体的には65歳以上の高齢者と15歳以下の子供の人口を切りだして、隣接地域と比較すれば、その違いから問題となる点が見えてくるのではないか」という発想（仮説）が有効かもしれません。

この結果、必要なデータ（65歳以上および15歳以下の人口データ）を集め、グラフなどに加工したうえで比較します。その結果、たとえば

「わが町では、65歳以上の死亡率が年々減ってはいるが他地域との顕著な差は見られない。一方、15歳以下の構成比率が他地域と比べても圧倒的に下がってきていることがわかった。

他地域と比べて人口減少が激しいという問題は、どうも15歳以下の人口の減少が大きな課題のポイントのようだ」

という結論が導かれるかもしれません。

たんに「くわしい現状把握をする」ことが最終ゴールであれば、ここでいったんその目的を果たすことができるでしょう。そのような場合であっても、たんにおおまかな傾向（ここでは全年齢含んだ人口）だけでなく、その中で起こっていることや課題ポイントを特定できるための分解や比較結果まで見ることができれば、より具体的で詳細な現状把握につながります。

・要因特定

やること	アウトプット
「なぜなぜ」の仮説の是非を検証する	要因が特定され、その改善・対策のアクションにつなげる

よくある思考プロセス（イメージ）

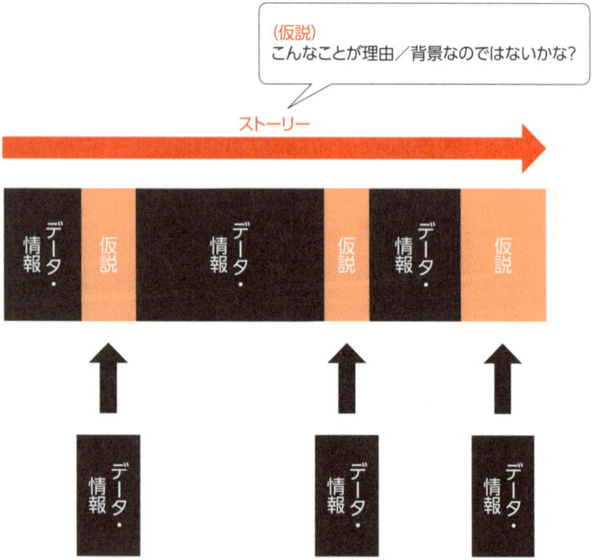

要因特定のための仮説は、いわゆる「なぜなぜ」を繰り返して構築します。要因は全体のストーリーを論理的に支える要となります。そのために必要なデータや情報を集め、検証します。ここでの検証はさまざまな分析手法を使うこともできますが、基本は

複数のデータ間の関係性に着目します。すなわち、第1部第3章で紹介した2軸の視点をもつことが基本です。難しい分析手法に頼らなくとも、散布図でも一定の分析結果を得ることが可能です。

たとえば先の人口問題について、「15歳以下の人口比率が大幅に下がった要因として、(1) 若い家族の域外転出による、(2) 保育園や幼稚園の数が少なく、新たな流入家族が激減したため、(3) 隣接地域に子育てに有利な制度や施設が近年できたため転出する家族が増えたため」などが挙げられるかもしれません。もちろん一般的には、さらに「なぜなぜ」を続けて深掘りすべきケースもあることでしょう。

いずれにせよ、このように合理的に考えられる複数の要因仮説を立て、15歳以下の人口減少データと、各要因仮説を示すデータとの関係を見極める（たとえば散布図にそれぞれを軸として表示するなど）ことで、どの要因仮説が正しくて、どれが間違っていたのかが評価できるようになります。現実的には、分析のなかで、新たな仮説が浮かび上がったり、仮説を設定し直す必要がでてくることも当然あります。しかし、それを繰り返すことで、より精度と質の高い分析結果にたどり着く可能性が高まります。

ここまでできてしまえば、あとはその課題に具体的にどう取り組むかを決め、その計画に従って実行すればよいのです。

データ分析を実務に活かす「考え方」を磨く

ここまで見てきたように、全体の課題や目的を明確にすることはいうにおよばず、仮説はそのプロセスの中の各ステップのゴールそのものであり、それなしにはいくら作業を開始しても「目的地のない旅路」をひたすら続けるようなものなのです。

これが実際に多い「データ分析難民」の実態です。

各ステップの最初には「なにをデータ分析で確かめるのか」を示す仮説構築からスタートするように心がけてください。そうすることで、分析のプロセスを効果的に1つひとつ前に進めることができます。

仮説構築そのものは、一朝一夕にうまくなれるものではありません。課題に関連する分野での一定の業務経験や業界知識、落としどころを見つける勘所なども必要かもしれません。また適切にデータ分析という作業につなげるための、“分析的”センスの有無もその後の作業効率に大きく影響することでしょう。

ただし1ついえることは、この「仮説⇒分析」の場数を踏むことで、そのスキルはどんどん磨かれていく、ということです。最初からうまくできなくとも、そこを何度も乗り越えることで、実務データ分析者としての次のステージが見えてきます。

また、仮説はある意味で“思いつき”でしかありません。そのためいくつかの注意点もあります。

・想定範囲が限定されるリスク

その人の経験や知識に仮説の範囲が限定されます。「知らないことはでてこない」のはあたり前です。完全な処方箋はないものの、たとえば思いつくことだけを並べ立てるのではなく、なにか客観的なもの、自分から見て外部のものに頼るという選択肢もあります。

たとえば、世の中にはフレームワークと呼ばれるものがあります。

マーケティングの世界であれば、マーケティングの4Pと呼ばれるPrice（価格）、Product（商品）、Place（流通）、Promotion（プロモーション）という考える“枠”、すなわちフレームワークを思考の範囲をチェックしたり拡大するために当てはめてみます。

もしいまマーケティングに関する課題がテーマであれば、自分の仮説はこの4つのＰそれぞれの項目をだしきっているか、と確認ができます。ここで初めてPlace（流通）の問題には思いおよんでいなかったことに気づくかもしれません。

また、かならずしも既存のフレームワークだけに頼る必要もありません。自分でフレームワークをつくってしまうことも可能です。

たとえば、担当である関東地域の自社製品ＡとＢを分析の対象として考えていたとしましょう（ここではほかの製品は存在しないと仮定します）。

関東	
製品A	製品B

「関東」というカテゴリーに着目すると、この軸の延長でほかにはないのか？ と考えるようになります。当然「関西」や「そのほかの地域」などがでてくるはずです。すると、対象範囲を拡大した「地域」というカテゴリーを、「自社」という一段大きなカテゴリーで、まとめられることに気づきます。

自社					
関東		関西		その他	
製品A	製品B	製品A	製品B	製品A	製品B

そこで、再度この「自社」というカテゴリーを同じ軸で拡大（延長）するとなにがあるか、と考えれば「他社」がでてきますね。

同業界								
自社						他社		
関東		関西		その他		関東	関西	その他
製品A	製品B	製品A	製品B	製品A	製品B			

同じ業界、市場にいる「自社」と「他社」をまとめるカテゴリーとして、「同業界」というさらに一段上のカテゴリーをつくりました。すると同じ軸でさらに延長先を考えると、次のように「他業界」という範囲に発想が広がるのではないでしょうか？

同業界									他業界
自社						他社			
関東		関西		その他		関東	関西	その他	
製品A	製品B	製品A	製品B	製品A	製品B				

もしかすると、いま目の前の課題は業界内だけの問題ではなく、他業界からの影響を受けているかもしれません。また比較対象とすべきは競合他社ではなく、異業界のサービスとお客様を取りあっているかもしれませんね。そういった発想を広げることにひと役買ってくれるのがこのフレームワークを活用した発想法です。ポイントは視点の高さを挙げながら、その延長線上にあるものはなにかを考え進めていくことです。

もう1つ覚えておきたいのが、仮説は常に自分1人で考えなくてはいけないものではないということです。他人の力や知恵を借りることも有力な方法の1つです。自分とは違う知見や経験をもっていそうな人、でも課題とまったく違う世界の人ではない人などに声をかけ、一度に複数の人間で意見をだしあうのは自分の視野を広げる意味でも有効です。その中でお互いに刺激しあうことで新たな発見が引きだされるかもしれません。

・「こうに違いない」という思い込み(バイアス)

一定の環境に長くいると、その中での常識に染まってしまうことはめずらしくありません。先輩や上司、業界の常識にとらわれすぎていると、本質を見つける視点をみずから狭めてしまうことにもなりかねません。その場合、いつものメンバーで、いつもの常識の範囲内だけで仮説をつくってしまい、そこをスタートとしたかぎられた思考範囲内だけの分析に終始してしまいます。そこから得られる情報は、自分たちに都合のよい情報だけか、分析するまでもなくわかっている情報となる可能性が高いでしょう。それらの情報からは大きな価値は生まれません。

そのためにも、自分自身がフラットなマインドで取り組むことはもちろん、先に紹介したフレームワークや、異なる利害関係をもつ他人の知恵などをうまく活用することが現実的で有効ではないかと思います。

第2部 第2章

さまざまなデータ活用事例

前章までに学んだことを活かした事例を見ることで、
アウトプットのイメージをより具体的にもちましょう。
知識や方法に過度に頼らずとも、発想1つで
これだけの活用ができることを実感してください。

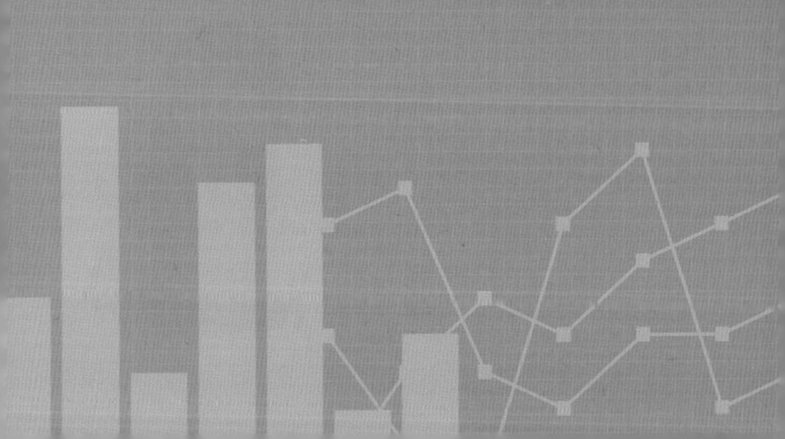

ここまで、かならずしも“統計”という知識や技術に頼らなくとも、データの見方や表し方で多くの情報が引きだせることを見てきました。

本章では、ここまでの内容をデータ活用に用いた事例を複数見てみましょう。事例を見ることで、自分の課題や目的にここまでの考え方を当てはめて使うときのきっかけや活用のヒントになるかもしれません。

たんに結果を見るだけではなく、「この分析者はどのような課題や仮説を最初にもち、どのような思考プロセスでこの結果に至ったのか」まで考える（想像する）ことができれば、きっとあなた自身の仮説構築力や分析推進力をも格段に高めてくれることでしょう。

活用事例は、大きく「1軸視点」と「2軸視点」とに分類しています。

ここからは1軸と2軸の視
点で、どのようにデータ活
用していればいいか、具体
的な事例を見ていくわよ!

1軸（1種類データ）の視点

【事例1：売上減少課題を把握する】

担当する地域の売上実績を3年分半年刻みで見たところ、じょじょに売上が下がっているという課題を確認したとしましょう。

売上額	2017年		2018年		2019年	
(万円)	上期	下期	上期	下期	上期	下期
合計	43,280	42,530	42,890	38,770	38,150	36,330

これだけだと、グラフにしたとしても、「じょじょに下がっている」こと以上の情報は得られません。当然、問題の場所を特定し、対策にまでつなげなくてはなりません。

そこで、第1部第1章で紹介した「ドリルダウンする」ことを第一ステップとして考えてみます。

機械的に売上を分解するのではなく、適切に問題を把握できるための「軸」はなにか、仮説を立ててみます。

たとえば、担当地域には担当店舗が6店舗あり、それぞれ店長の手腕にバラつきがあることがわかっているとします。

「きっと店舗によって、売上実績に差があるだろう。その結果から、特に問題になっている店舗をあぶりだすことができれば、より具体的な点に近づけるだろう」

という想定にもとづいて、まずは「店舗ごと」という軸でドリルダウンしてみるのがよさそうです。

そこで、店舗ごとのデータを集めたものがこちらです。

みなさんは、これをどのように“料理”するでしょうか？

売上額	2017年		2018年		2019年		
(万円)	上期	下期	上期	下期	上期	下期	期間平均
店舗A	8,350	8,890	8,490	5,260	5,460	4,040	6,748
店舗B	8,520	8,500	8,960	9,750	8,190	8,740	8,777
店舗C	5,420	5,500	5,730	5,120	5,380	5,190	5,390
店舗D	7,060	6,720	8,030	6,230	5,830	4,350	6,370
店舗E	5,030	5,340	5,770	7,270	8,650	9,890	6,992
店舗F	8,900	7,580	5,910	5,140	4,640	4,020	6,032
店舗平均	7,213	7,088	7,148	6,462	6,358	6,038	6,718

まずは現状把握、そして課題のポイントを絞り込むことが最初のプロセスです。いきなり手を動かして、表やグラフをつくる前に、「なにが知りたいか」「そのためにはどのように加工すべきか」を考えてみましょう。

まずは目的と仮説。それから
現状把握、そして課題の
ポイントを絞り込むわよ！

・店舗ごとの実力値を売上額から比較したい

単純に売上の大きいまたは小さいを、半期あたりの売上期間平均で示して、店舗間で比較してみる「静」的な現状把握をしてみます。

ここでは複数の期間があるため、もっとも単純な期間平均をだしてグラフ化しました。

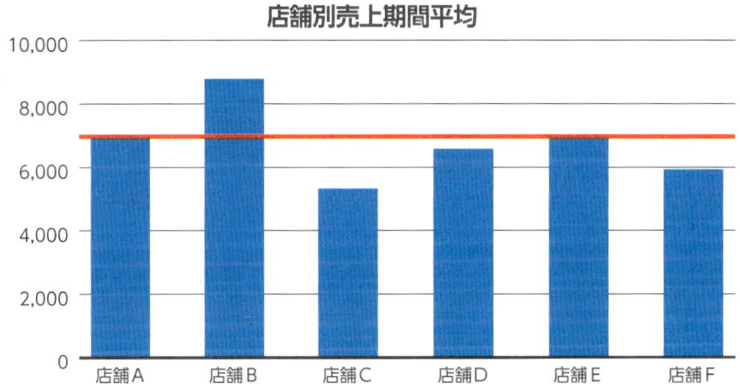

参考として、全店舗をまとめた半期あたり平均値を横線で示し、平均以上と平均以下の店舗、そして全体平均からのかい離度合を視覚的にとらえられるようにしました。

結果としてわかることは、「店舗B」は全体平均を大きく上回り、「店舗AとE」はほぼ平均、その他が平均を下回っており、「店舗C」は特にそのギャップが大きいことがわかります。

これだけで「では店舗Cが悪い店」と結論づけるのは早すぎます。

次は「動」的な視点でも見てみましょう。ここでは時系列での推移を見ます。

店舗ごとの情報があるため、その内訳を積み上げた棒グラフで表してみました。

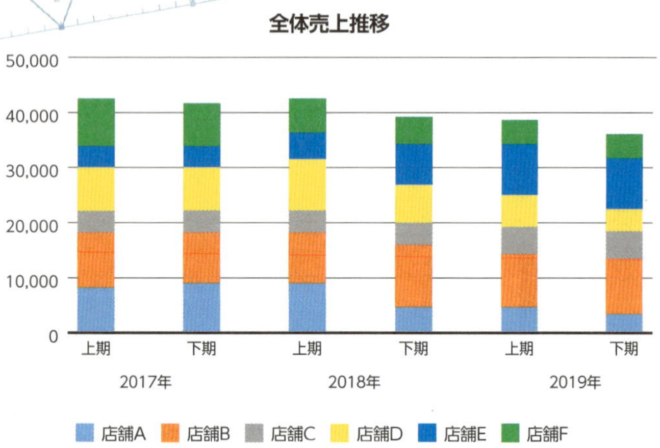

確かに全体として時間を追うごとに売上額が減少していることは確認できますが、店舗ごとの推移を的確に読み取るにはちょっと見づらいですね。

なぜだかわかりますか？

それは、全体の増減といっしょに示されているため、各店舗個々の推移（増減）が読み取りにくいためです。

これをよりわかりやすくするために、個々の店舗の売上推移を折れ線グラフで示しました。

ここでは、全体平均とのかい離もわかるように、各時点での全店舗平均も示しました。

これによって、全体の推移と各店舗の推移との差がわかりやすくなり、ユニークな動きをしている店舗が特定しやすくなります。

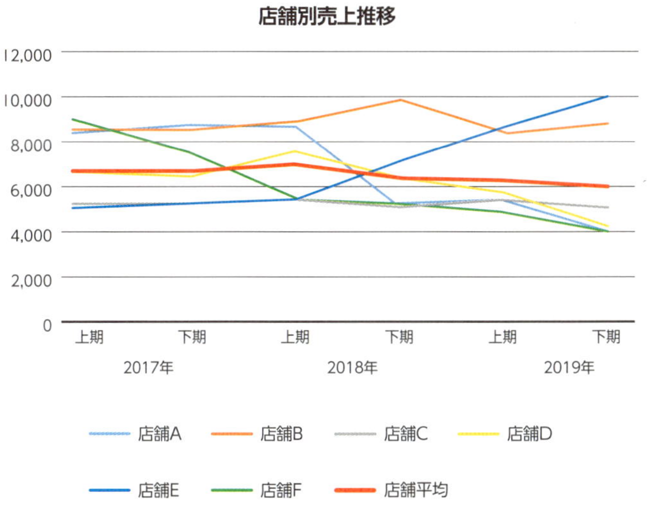

ここから読み取れることは、「店舗Ｂは常に平均を大きく上回っている」「店舗ＡとＦがじょじょに売上を落としている」「店舗Ｅはじょじょに改善している」「店舗Ｃは常に低調」などでしょうか。いずれも、全店舗平均との相対的な大小を見ながらも、年を追うごとの推移に特徴があることが読み取れますね。これがデータの「動的」な見方の1つです。

ここまでは売上額という実数値により、金額的な実力値を見てみました。では、売上全体への“貢献度”は店舗によってどう違い、どう変化しているでしょうか？

これを知るためには、構成比という比率に着目する必要があります。第1部第2章で紹介した「比率」の視点の応用例の1つです。

店舗別売上構成比推移

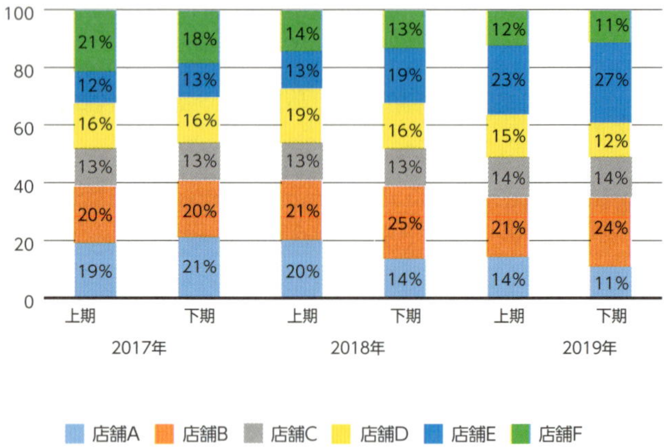

これを見ても、やはり店舗AとFの貢献度(比率)が減り、店舗Eの貢献度が高まっていることがわかりますね。売上を構成する主役が入れ替わり、2019年下期では店舗Eが最大の稼ぎ頭となり、27%を占めるようになっています。結論は先の売上実数で見た推移と変わりませんが、貢献度の推移を見るという目的に対しては、比率視点で見るほうがより適切だといえそうです。

このように店舗間を「動的」「静的」、「実数」「比率」など多面的に比較したことで、課題の店舗として店舗AやFが特定できました。

もしこのうち、店舗Fに関して、より具体的な現状把握や課題特定をすべく、掘り下げを行おうとすればどのようなことができるでしょうか?

一例として、店舗への来店者の属性の変化を見ることにしました。ここでは年齢層が購買を左右する重要要素の1つだという仮説をもったとします。その結果、次の結果が得られたとします。ここでは、データをグラフで視覚化するにあたり、次の視点を折り込んでいることに着目してください。

・各年齢層を“軸”として、その軸の上で比較している
・来店者数を全体の“比率”に変換して同じ土俵で比較できるようにしている（2017年と2019年では全体の来店者数にも違いがあると考えられ、実数で比較するよりも、年齢の構成“比”を見たほうが、その変化がとらえやすいだろうと考えた）
・2017年と2019年という時間的な推移を見て「動的」な視点も入れている

年齢層別売上比率比較

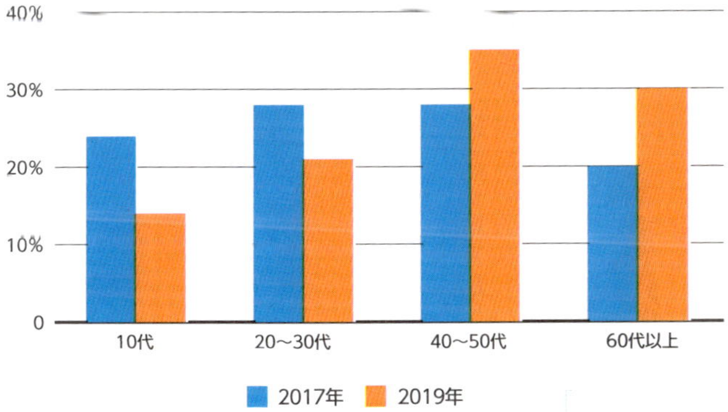

ここから、「2017年時点では、若者の比率が高かったものの、その後の2年間で40代以上の層に圧倒的にシフトした」ことが読み取れますね。この変化に対応した行動が取れていたのか否かが、この課題のキーになりそうです。

この先には「どうして年齢層がシフトしたのか」や「どのように対応ができていたのか」「対応をしたとすればそれらは効果があったのか」といった要因の確認プロセスになりますが、1軸の視点だけを用いたこの事例でも、現状把握、課題のポイント（“店舗F”や“来店客の年齢層のシフト”）の特定には十分到達できていることがわかりますね。

どう、1軸の視点だけを用いても、
現状把握や課題のポイントの特定が
ちゃんとできていることがわかるでしょ!!
なっとく!

【事例2：優先戦略地域をあぶりだせ】

軽自動車が売れている地域とそうでない地域を特定し、売れる地域に対してはより多くの営業担当を投入し、売れていない地域では広告宣伝活動を改善する、といった狙いがあるとしましょう。

みなさんであれば、どのように“売れている地域”と“そうでない地域”を定量的に特定しますか？

なにかを特定するためには「比較して、差に着目する」というポイントを思いだしてください。

	軽自動車販売台数(台／月)
北海道	2,000
東京都	3,500
神奈川県	4,000
静岡県	5,000
京都府	2,000
福岡県	4,500
全国	110,000

※全国軽自動車協会連合会から概算値を作成
https://www.zenkeijikyo.or.jp/

まず、誰もがこのデータを見ることから始めることでしょう。もっともベースとなるものですね。

この数字だけで「静岡県」「福岡県」「神奈川県」が“売れている”地域だというのは早計です。確かに絶対数としては大きいですが、いわゆる“次から次へと売れている”県とはいえません。

なぜなら各県の前提が同じではないからです。

いちばんわかりやすい前提の違いとは、県の広さ（大きさ）ではないでしょうか？　広さといっても、軽自動車を買う行為をするのは“人”ですから、物理的な広さよりも、人の数（人口）のほうが重要な要素と考えられます。もちろん、車を運転しない年齢（子供やお年寄り）をカウントしては、精度の高い情報とはなりませんので調整が必要です。

このような発想はデータ分析のテクニックや手法とは違い、分析者が分析前に自分の常識やロジカルシンキングを働かせて、考えておく必要があります。

そこで、それぞれの県のベースをそろえるために、ここでは20～49歳の人口を使いました（総務省統計局）。この人口で、月あたりの軽自動車販売台数を割って、人口あたりの販売台数をだしたものがこの表です。

	軽自動車販売台数（台／月）	20～49歳の人口（万人：2015年10月現在）	人口千人あたり販売台数
北海道	2,000	190	1.05
東京都	3,500	600	0.58
神奈川県	4,000	380	1.05
静岡県	5,000	130	3.85
京都府	2,000	100	2.00
福岡県	4,500	190	2.37
全国	110,000	4,780	2.30

※全国軽自動車協会連合会　※総務省統計局
https://www.zenkeijikyo.or.jp/

大きさを視覚的に比較するには棒グラフが適していますので、加工します。

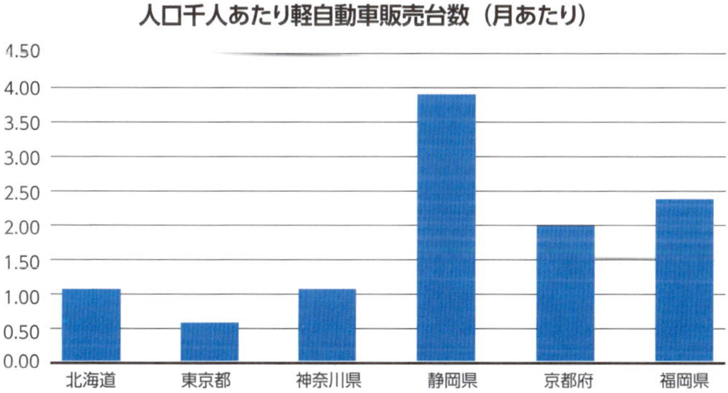

県別の相対比較をするには、これで事足ります。明らかに静岡県がダントツに多く、東京都がもっとも少ないことが読み取れます。では、静岡が高いといっても、どのくらいスゴイことなのか、また東京が少ないといっても、異常値といえるのか。これだけではわかりません。

そこでさらに、ここに挙がった県同士の相対比較だけではなく、全国の平均と比較してみることにします。全国の47都道府県すべてを含めた平均を、“標準的な値”と見なし、比較することで、その差を定量的に評価することができます。

その結果がこちらです。

人口千人あたり軽自動車販売台数（月あたり）

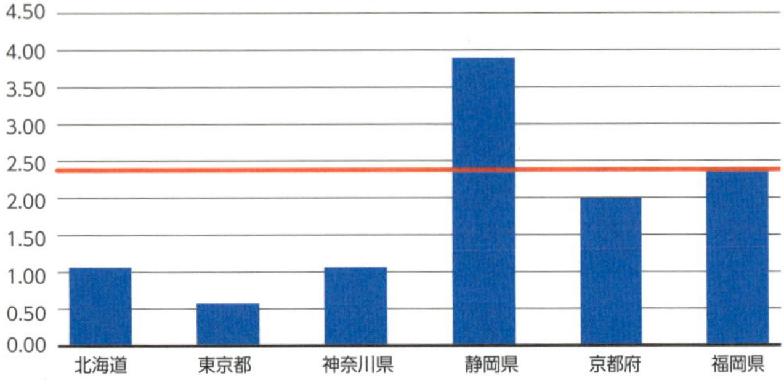

これによると、静岡県以外は全国平均以下であることがわかります。いずれも大都市ですので、人口が多く、ほかの交通手段も発達しており、車（特に軽自動車）を購入する割合が全国平均と比べて少ないのだろうと推察されます。

ここで大事なことは、比較をすることで違いを見いだす際に、比率でベースをそろえること。そして、全体（この事例では全国平均）との比較で、大小のギャップの度合を浮き立たせたことです。

この結果によって、静岡県はより販売ポテンシャルが高い地域だという認識のもと、より多くの営業リソースが投入されるかもしれません。また、その他全国平均を下回る地域では、さらなる要因の深掘りを行い、それぞれの地域に必要な施策を策定し、改善につなげられることが考えられます。その際にも、そのゴールを全国平均に設定するなど、定量化することで、進捗度合や施策の効果測定などにも活用できます。

2軸（2種類データ）の視点

【事例3：顧客満足アンケート結果の活用】

スポーツジムの経営者が、顧客満足をより高めて、既存の会員との契約を長く保持しようとしています。どんな点に満足をしているのかがわかれば、そこをさらによくすることで、長く契約いただけるのではないかと考えています。

アンケートの結果が次のように入ってきました。いずれも10点

自社アンケート結果

顧客ID	総合満足度	駅からの近さ	料金の安さ	設備の種類の多さ	予約の取れやすさ	サービスの質	接客のよさ
0001	10	1	10	2	6	9	9
0002	10	7	10	10	4	4	9
0003	4	2	9	7	4	10	5
0004	4	6	6	5	4	8	1
0005	10	8	6	5	6	2	8
0006	8	3	10	3	6	9	8
0007	9	7	7	4	7	1	6
0008	5	7	8	7	3	10	3
0009	9	5	2	2	6	3	7
0010	1	2	3	4	1	9	4
0011	3	1	1	3	3	1	2
0012	3	4	3	4	1	3	3
0013	5	2	9	5	3	4	4
0014	5	9	4	5	2	9	7
0015	1	3	10	7	1	6	3
0016	4	4	8	2	3	4	2
0017	8	7	1	10	7	2	8
0018	6	8	10	4	3	9	5
0019	3	10	6	6	1	1	2
0020	1	1	3	6	2	5	4
0021	9	6	7	6	7	2	8
0022	5	9	6	10	5	6	6
0023	4	3	5	9	4	1	8
0024	6	4	4	10	1	1	6
0025	8	6	8	7	7	2	8
0026	7	5	1	5	3	3	6
0027	6	8	7	7	3	8	5
0028	9	10	4	7	6	8	9
0029	1	8	6	1	2	2	3
0030	6	2	8	10	3	3	9
平均値	5.7	5.4	6.1	5.8	3.8	5.0	5.6
1年前評価	5.9	5.5	6.8	5.2	5.6	4.8	6.1
競合施設評価		3.6	7.2	5.5	6.8	5.5	6.6

満点で、10点に近いほうがよい（望ましい）評価となっています。
それぞれの項目の平均の高低を1軸だけで見ると、こうなります。
これだけではたんなる結果の確認しかできません。

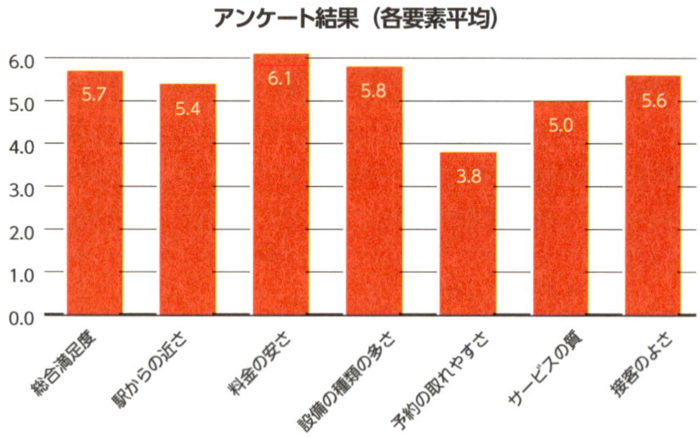

最終的にお客様が契約を更新されるか否かは、「総合満足度」にかかっており、総合満足度を左右する要因として重要なものが特定できれば、その強化に注力できるという仮説を考えたとします。

そこで2軸の視点の登場です。

以下は、「総合満足度」を縦軸に取り、横軸にはその他の各要素を取った散布図です。

点数がよいほど、総合満足度も上がっている（＝右肩上がり）の図はどれでしょうか？

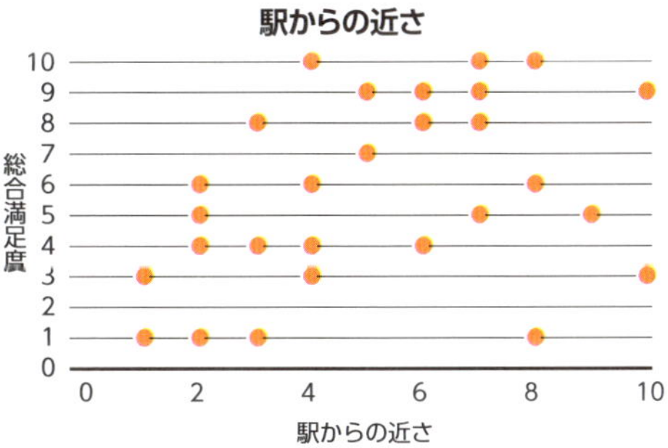

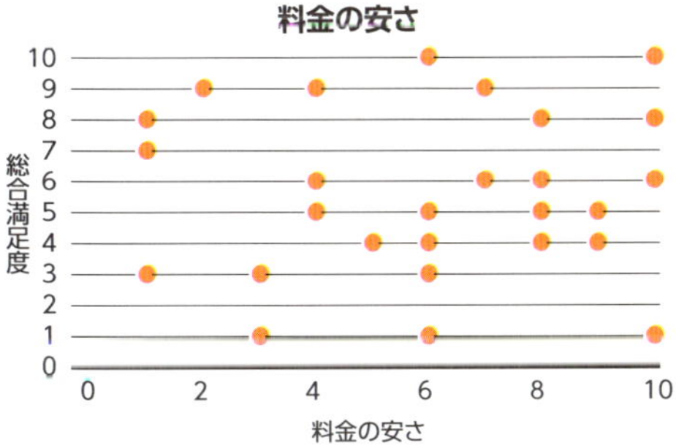

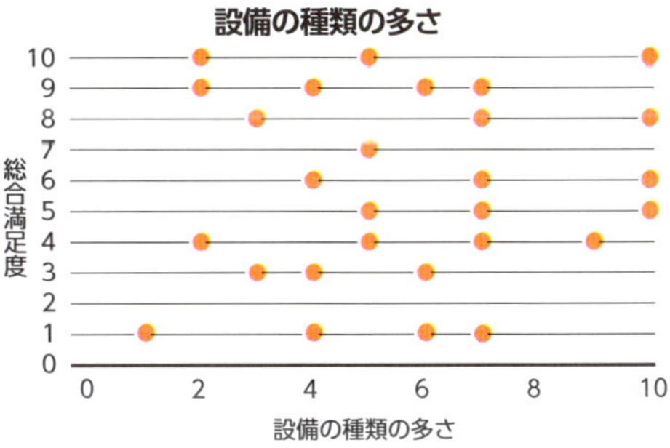

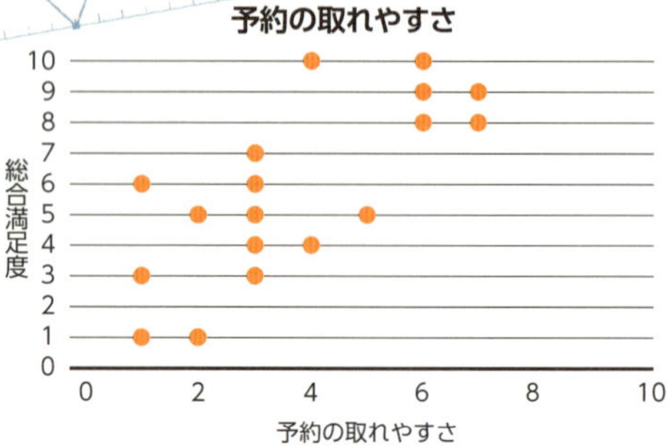

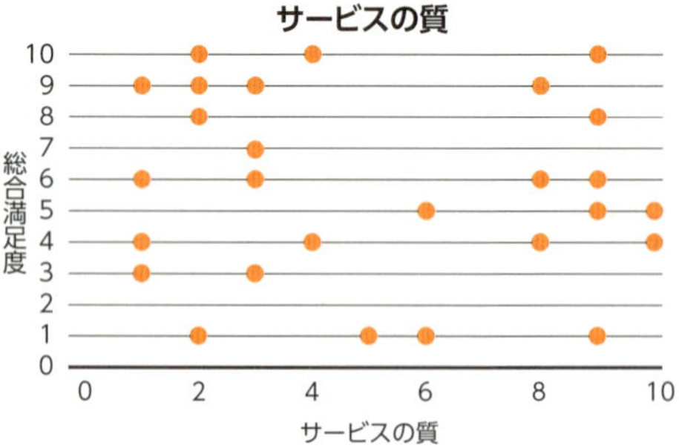

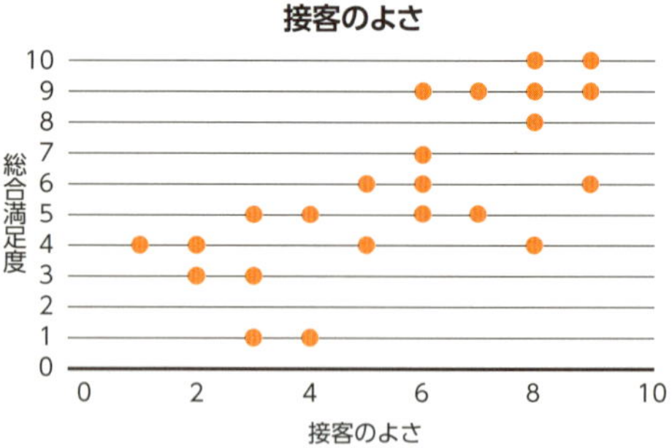

ここでは、縦軸と横軸を“因果関係”の視点でとらえていることに着目してください。

視覚的に右肩上がりの傾向が確認できるのは、「予約の取れやすさ」と「接客のよさ」です。ここから、この2つは総合満足度との関連が強いといえそうです。

では、この2項目の内どちらに優先度を置いて施策を打つべきなのでしょうか？

これには、最初に棒グラフにした各要素の平均点を再度見てみます。

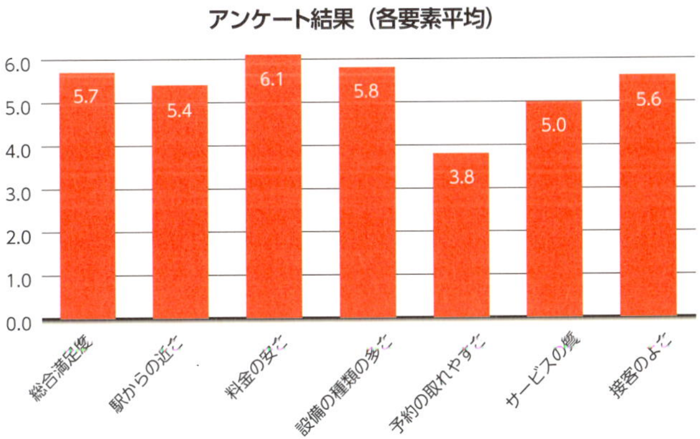

「予約の取れやすさ」と「接客のよさ」の平均点を比べると、「予約の取れやすさ」が低いことがわかります。これは「総合満足度」の平均点と比較しても、まだまだ改善の余地があることを示しています。

また、ここで、本当に総合満足度が高まると契約更新につながるのか、も確かめたくなります。そこで、会員の更新回数の情報を追加し、「総合満足度」との関係を見てみました。

自社アンケート結果								
顧客ID	総合満足度	駅からの近さ	料金の安さ	設備の種類の多さ	予約の取れやすさ	サービスの質	接客のよさ	更新回数
0001	10	4	10	2	6	9	9	6
0002	10	7	10	10	4	4	9	3
0003	4	2	9	7	4	10	5	1
0004	4	6	6	5	4	8	1	2
0005	10	8	6	5	6	2	8	5
0006	8	3	10	3	6	9	8	2
0007	9	7	7	4	7	1	6	3
0008	5	7	8	7	3	10	3	4
0009	9	5	2	2	6	3	7	6
0010	1	2	3	4	1	9	4	1
0011	3	1	1	3	3	1	2	1
0012	3	4	3	4	1	3	3	1
0013	5	2	9	5	3	9	4	1
0014	5	9	4	5	2	9	7	4
0015	1	3	10	7	1	6	3	1
0016	4	4	8	2	3	4	2	2
0017	8	7	1	10	7	2	8	4
0018	6	8	10	4	3	9	5	3
0019	3	10	6	6	1	1	2	2
0020	1	1	3	6	2	5	4	1
0021	9	6	7	6	7	2	8	3
0022	5	9	6	10	5	6	6	4
0023	4	3	5	9	4	1	8	2
0024	6	4	4	10	1	1	6	5
0025	8	6	8	7	7	2	8	5
0026	7	5	1	5	3	3	6	4
0027	6	8	7	7	3	8	5	6
0028	9	10	4	7	6	8	9	7
0029	1	8	6	1	2	2	3	1
0030	6	2	8	10	3	3	9	5
平均値	5.7	5.4	6.1	5.8	3.8	5.0	5.6	
1年前評価	5.9	5.5	6.9	5.2	5.6	4.8	6.1	
競合施設評価		3.6	7.2	5.5	6.8	5.5	6.6	

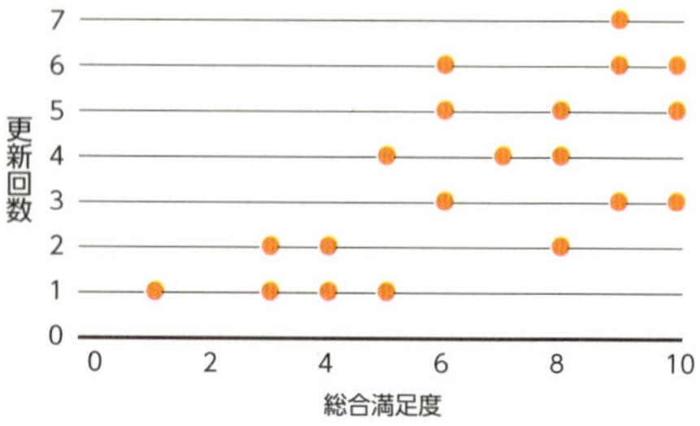

すると、やはり総合満足度が高いほど、更新回数が高く、当初の仮説の妥当性が読み取れます。

さて、ここでも「静」と「動」の視点を入れてみたいと思います。ここまで見たのは、ある時期の「静的」な情報です。もし1年前にも同じアンケートをしていたとしたら、どのように変化したのかが知りたくなるものです。それによって、自社の強みや弱みの変化がわかり、改善点が見つかるからです。

このときに、よくつくられるのが、次の折れ線グラフです。

折れ線グラフによる1年前との比較

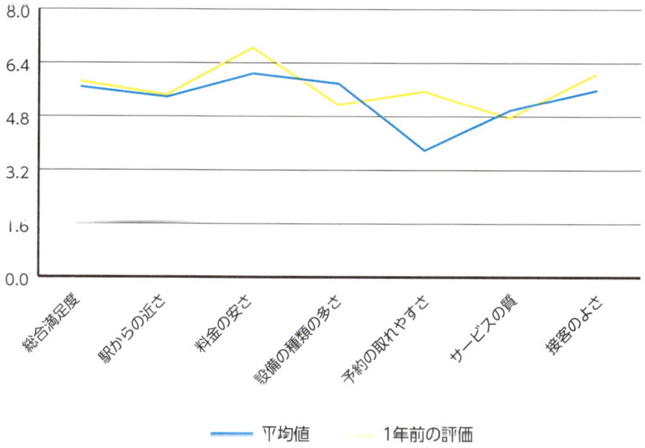

確かに、これでも改善や悪化した要素はわかるのですが、線で各要素をつなぐ必然性がないこともあり、若干見にくいと感じるかもしれません。

そこで、“2軸”という視点でこれをつくり直してみます。

横軸に「1年前の評価（各要素の平均点）」、縦軸に「今年の評価」を取り、2軸の散布図に可視化しました。45度の線で区切ることで、1年前と比べて悪化した要素と改善した要素が一目瞭然となります。また45度線から各点までの距離によって、その度合も感覚的にとらえることができます。

ここでは縦軸と横軸を、“時間差”の視点でとらえていることに着目してください。

評価の推移

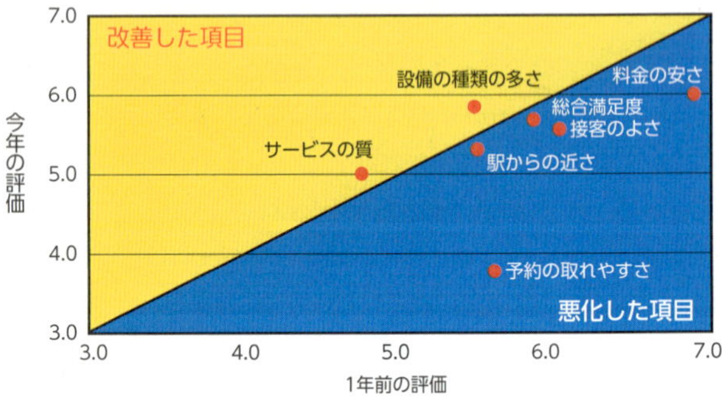

ここから、「予約の取れやすさ」や「料金の安さ」に対する評価がこの1年で大きく下がっている（＝45度線から離れている）ことが読み取れます。特に「予約の取れやすさ」は「総合満足度」に直結する重要項目であることがわかりましたので、緊急の課題であることが確定されましたね。

また、ここまではあくまで自社に閉じた範囲で評価結果を見てきました。当然、同じ市場には競合他社がいるケースのほうがふつうです。先と同じことを競合の評価結果を使うことで、2軸で表すことが可能です。その結果は次のようになります。同じ業界の複数企業に対して、同じ質問項目のアンケートを行い、評価する機関や企業は存在します。そのような場合には、ぜひこのような比較を行い、有効に活用したいものです。

競合施設との比較

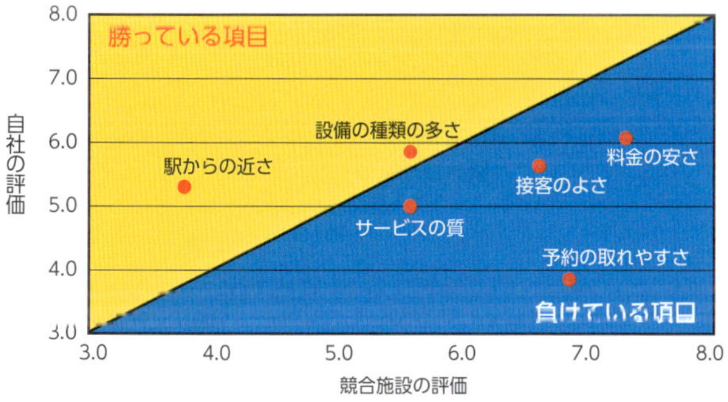

ここからわかることは、「駅からの近さ」や「設備の種類の多さ」といったハード面では競合に勝っているものの、そのほかのソフト面では負けていることがわかります。競争力という点からは、せっかくのハードの充実度を活かしきるためにもソフト面での改善が必要となります。競合のサービスをベンチマークするなどの対策が必要でしょう。

【事例4：顧客行動の違いでグループ化せよ】 ~データのグループ化~

自社発行のクレジットカードの自社店舗での利用促進をしたいと考えています。自社カードの利用状況や傾向について、すべてのお客様が一律とは考えにくいという仮説をもっているものの、具体的にどのようなセグメント（グループ）があるのかを知らないと、具体的な対策を練ることができません。

そこで、カードの使用履歴からまずいちばん情報として取得しやすい、来店1回あたりの購入総額と、その顧客の平均カード利用率（カードを使って購入する割合は、購入回数全体の何パーセントか）の関係を2軸で見てみることにしました。

購入総額とカード利用率

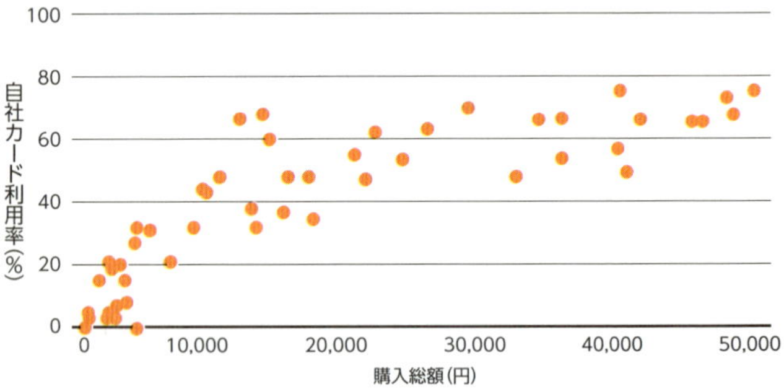

1つの散布図から、1つだけの傾向や結論を導くだけが利用の方法ではありません。同じ散布図の中に、異なる価値観や行動パターンなどをもつ複数のグループが紛れ込んでいる可能性も視野に入れて眺めることも大切です。

購入総額とカード利用率

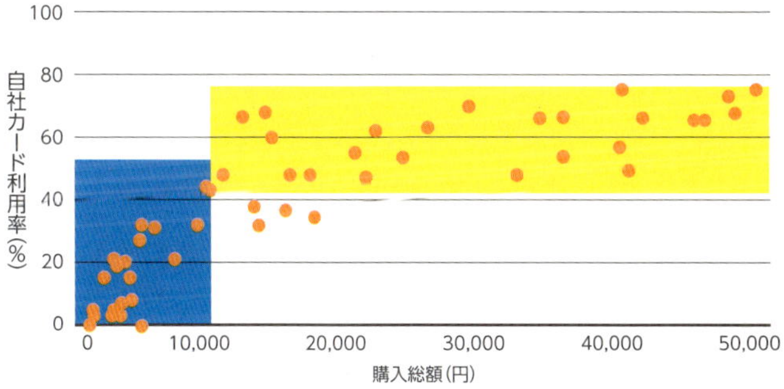

たとえば、このように購入総額が10000円を切るグループと、それ以上のグループに傾向の差があると考え、それぞれの違う顧客グループとしてみると、どういう解釈が可能でしょうか？

10000円を切るグループは、購入金額が増えるにつれ、カード利用率が上がります。ところが、10000円を超えるグループは、購入金額に関わらず、一定の範囲で安定しています。

ここでは散布図の結果を、"グループ"の視点でとらえていることに着目してください。

もちろん、あくまで視覚的な情報から若干の想定を織り交ぜたグループ分けですので、ほかの情報やデータなどをさらに加えたうえで、このグループ分けや解釈の妥当性を高める努力や工夫は必要かもしれません。

ただ、もしこのグループに本当に違いがあるのであれば、これら2グループへのカード利用促進のためのアプローチが同じでよいとはちょっと考えにくいですね。対策も2グループそれぞれに分けて検討する必要があるのではないでしょうか？

たとえば、10000円を切る顧客グループには、より多くの金額をまとめて購入いただけるような仕組み（たとえば、複数の商品をセットでカード購入すると割引になるキャンペーンなど）が有効かもしれません。また、10000円以上のグループは、カードと現金を使い分けていると思われるため（カード利用率は高くても80％を超えていないため）それ以上の高い金額の買い物をしてもらうアプローチではなく、現金で買うケースと、カードで買うケースの判断の違いを明らかにして、そこから有効な手段を導きだすことが必要かもしれません。

データをグループ化することで、さまざまな対策が考えられるようになるのよ!!

【事例5：自分を本当に客観視できているのか】～“対”の関係の視点～

自社の製品について、自己評価と他者評価とのギャップから、内外の認識の差を可視化したいと考えています。独りよがりの認識から行動を取ると、顧客の認識とのギャップが広がり、販売にも影響がでると考えたからです。

そこで、縦軸に一般(他者)評価として一般顧客からヒアリングしたアンケート結果を、横軸には自社でのアンケート結果を取り、散布図に2軸で表現しました。

それぞれ同様の質問項目に、10点満点で評価をしてもらい、その平均点(小数を四捨五入して整数に直した)を取ったものです。

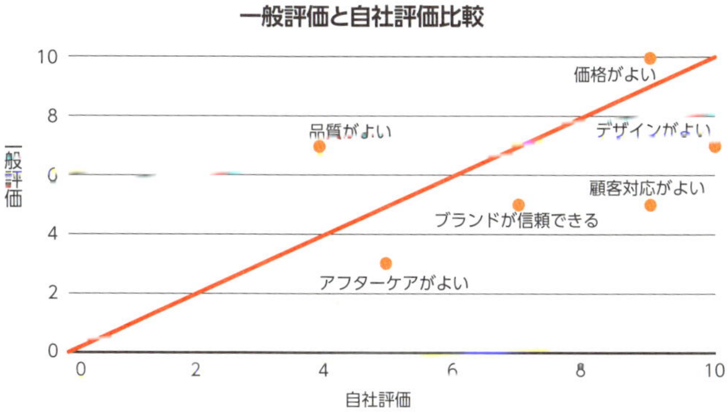

ここでは散布図の結果を、「自社(内)」と「一般(外)」という“対”の視点でとらえていることに着目してください。

さらに、「一般評価」と「自社評価」が一致するポイントとして、45度の線を中央に加えました。これにより、この線の左上が「一般評価」が「自社評価」より高く、右下がその逆を示す項目となることが一目瞭然でわかります。この線から離れれば離れるほど、そのギャップが大きいことになります。

「品質」への評価は、自社よりも一般評価のほうが高く、ほかの項目に比べるとそのギャップも比較的大きいようです。対応として、いまよりももっと「品質」のよさや信頼性について前面にだしてプロモーションしてもよいのかもしれませんね。

一方、「顧客対応のよさ」では、「自社」が「一般」よりも比較的よく評価しています。つまり、「自画自賛」的な結果が読み取れます。「自分ではできているつもり」でも、外からはそのように評価されていないことは、なかなか自分では気がつきません。このギャップが大きいことは、このリスクへのデータによるアラームだと考えることができます。どこにどうしてそのギャップが生じているのか、お客様にさらにヒアリングするなどして、深掘りをする必要があるでしょう。

さらに、このアンケート結果を違う視点で眺めてみたいと思います。

散布図に用いたデータは、それぞれの評価項目の“平均”を使いました。

ところが、もとのデータに、1(最低)と10(最高)しかなかったという極端な結果だったとしても、その事実は平均には現れません。1と10の評価が同数であったとすれば、平均値は5.5になりますが、その前後である5や6ですら、元データには評価として存在しません。賛否両論あったが計算上その平均値に至ったのか、もしくはほとんどの人が平均値に近い評価を下したのか、という情報は、評価の傾向を知るうえできわめて有用です。これを「平均」だけ見ていると、この「バラつき」の情報を見逃してしまうリスクがあるのです。

では、「一般評価」の元データに戻ってみましょう。

	品質がよい	デザインがよい	顧客対応がよい	アフターケアがよい	価格がよい	ブランドが信頼できる
	7	6	9	3	9	8
	10	9	5	2	10	1
	3	7	10	3	10	10
	10	4	8	6	8	7
	1	4	3	2	10	2
	9	5	4	4	10	2
	10	8	4	2	9	8
	8	6	10	3	10	1
	9	5	5	3	8	6
	10	5	6	3	10	3
	2	9	1	5	10	7
	4	8	5	2	9	6
	4	8	2	3	9	10
	8	5	6	4	10	9
	10	9	4	1	9	2
	10	7	1	4	10	9
	6	5	6	3	9	1
	10	10	6	4	10	2
	1	8	2	4	10	6
	9	8	9	3	10	10
	3	7	1	2	9	1
	1	7	5	6	10	3
平均	6.6	6.8	5.1	3.3	9.5	5.2
標準偏差	3.4	1.7	2.8	1.2	0.7	3.3

平均は先の散布図に示したものですが、実際にはそこに至る元データにはさまざまな値、すなわち各評価値の間にバラつきがあることがわかります。各評価項目では、どの程度評価者間で意見の一致/相違があったのでしょうか？

賛否両論の存在がわかれば、「高い評価」の顧客像と「低い評価」の顧客像を区別してとらえることができます。そして、サービスや商品がもっとも訴求できる顧客層（セグメントといいます）や改善が必要な顧客層を特定し、商品戦略に活かすことができるのです。

意見の相違、つまりデータのバラつきを示すには、第1部第2章で紹介した「標準偏差」の指標を使うと定量化することができました。

では、縦軸で平均によって評価の値の大小を示し、横軸で標準偏差によって意見のバラつき（賛否両論度合）を示すとどのような姿が見えるでしょうか。

評価の大小と賛否両論度合

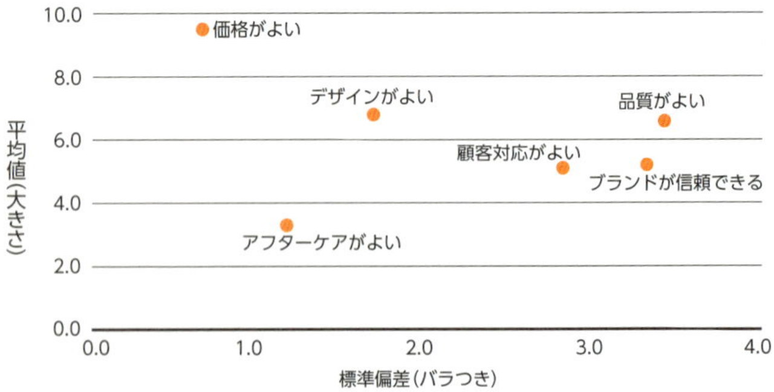

ここでは散布図の結果を、“大きさ”と“バラつき”という情報の補完関係の視点でとらえていることに着目してください。

標準偏差が小さい（つまり散布図上左側にある）項目は、意見のバラつきが小さく、回答者による違い（バラつき）が小さいといえます。つまり意見の一致度が高い項目です。

この結果から、「価格がよい」は評価そのものが高いだけでなく、回答者によるバラつきも小さく（標準偏差が小さく、散布図上、左側に位置している）、意見の一致度合が高いことがわかります。つまり、この項目についてはみなが高評価を下しているわけです。

一方、「品質がよい」や「ブランドが信頼できる」については、平均で見た評価結果は「中」程度ですが、人によってその回答値にバラつきが大きいことや標準偏差が相対的に高いことからわかります。品質やブランドへの評価は、（価格などに比べると）人による主観が大きく、意見が分かれやすいのかもしれません。では、ブランドや品質を高く評価した人はどのような観点で評価したのか、がわかれば、どこを伸ばせばよいかがわかるはずです。逆に、低い評価をした人の根拠からは、改善点が見えてくるかもしれません。

また、「アフターケア」については、評価が低いことが回答者の一致した意見として見られるため、早急に対策が必要となるでしょう。

【事例6：似た特性のものを探せ】～“類似性”の関係～

ある商品の消費傾向（嗜好性）がどの程度似通っているのかを、地域特性を通して知りたいと考えています。ここでは、アイスクリームとその他の食品群との消費量の関係を政令都市ごとのデータから見てみました（政令都市別データ、出典：総務省。政令都市の一部データを抜粋。以下同様）。

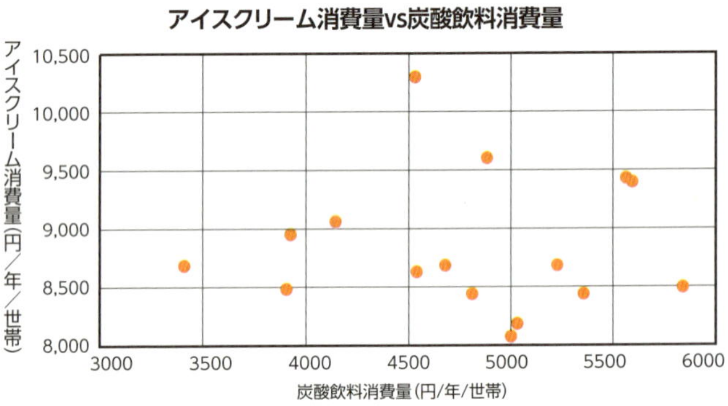

分析前の仮説として、都市ごとにアイスクリームの消費量も、炭酸ジュースの消費量も共通しているか（共通性があれば、右肩上がりの図となるはず）と思いましたが、どうも一定の関係性は見いだせませんでした。

ここでは散布図の結果を、「アイスクリーム」と「炭酸飲料水」との間に共通の傾向があるであろうという仮説、つまり“類似性”の視点でとらえていることに着目してください。

そこで、次にアイスクリームは本当に暑いとより食べられるのか、という想定（仮説）を検証してみました。同じ政令都市に対する気象庁のデータから、30度を超える真夏日の日数との関係を散布図にしてみました。

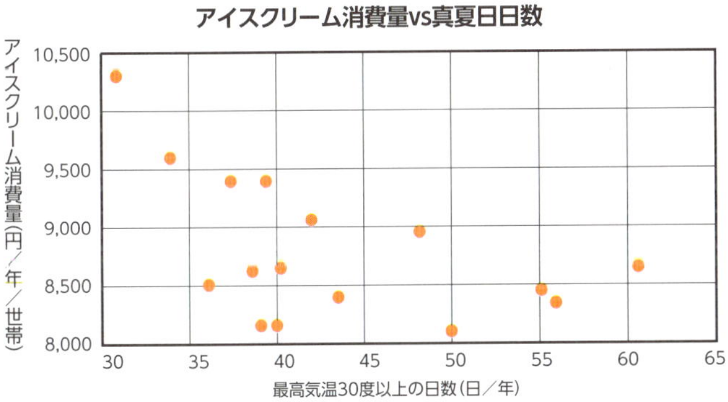

暑ければ暑いほどアイスクリームは消費されるであろうという想定を、真っ向からくつがえす結果が見えてきました。30度を超える日数が多いほど、その消費量が減っていくようです。ひと言に暑いといっても、暑すぎるとかえって敬遠されるということなのでしょうか。

今度はほかの食品群との“類似性”の観点から調べてみます。アイスクリームはお菓子の一部と見なすことができるとすると、駄菓子の消費量とどこまで傾向が一致するのかを調べたものが次です。

アイスクリーム消費量vsスナック菓子消費量

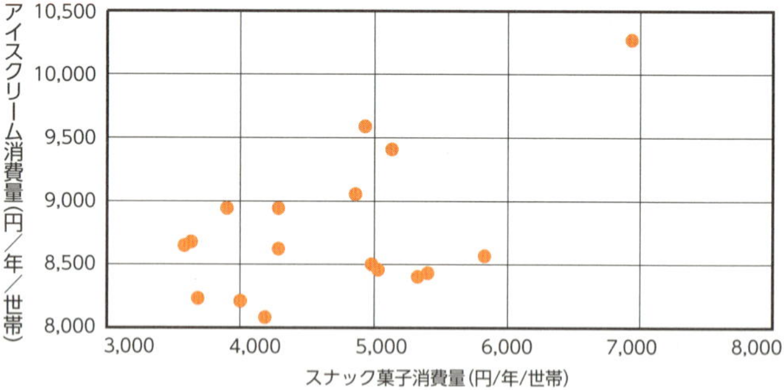

なんとなく右肩上がりの傾向があるようですが、右上の1点を除くと残りのデータでは明確な判別をつけるのも難しく、確固たる結論をだすには少し中途半端な結果でした。生データを扱っていると、当然すべてのケースで明確な答えがでるわけではないことにすぐに気づくことでしょう。これもその1つの例といえます。そのような場合には、視点を少し変えて、ほかのデータとの組み合わせも見てみることで、解釈の幅が広がることもあります。

　そこで今度は、アイスクリームを「デザート」としてとらえた場合の“類似性”の観点から、プリンの消費量との関係を見てみます。

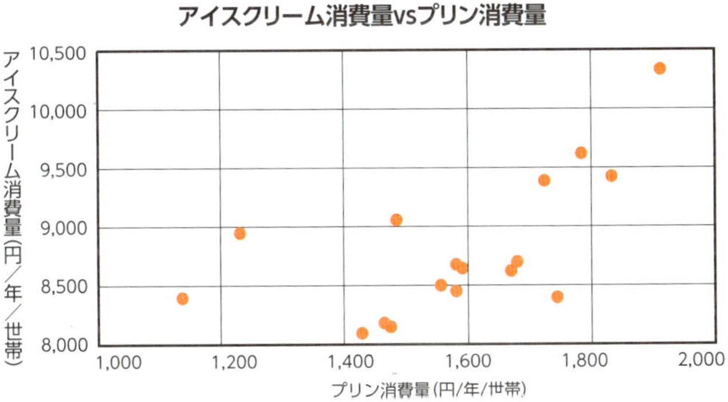

　こちらは、キレイな右肩上がりの傾向(共通性)が見られました。

　みなさんであればここからどのような解釈を引きだすでしょうか？　ちなみに、「解釈」と「結果」とは同じではありません。この場合、分析“結果”は、「プリンとアイスクリームの消費量には一定の共通性が見られる」となりますが、“解釈”の例としては「プリンとアイスクリームは、同じような消費傾向が見られ、消費者の視点からは同じ“デザート”としてとらえられている可能性がある」といった、結果そのものではなく、結果から導かれるストーリーまでもち込むことが必要となります。

【事例7：ポテンシャルあるものを探せ】～“静”と“動”の関係～

最後の事例は、第1部第2章でも紹介した「静」と「動」の視点をそれぞれ2軸に取り、販売増のポテンシャルのある商品を特定するものです。多くの事業では、平均売上高を商品や店舗間で比較することや、前年度比を算出することをすでにやっていると思います。では、これらを組み合わせて可視化するとどのようなものが見えてくるでしょうか。

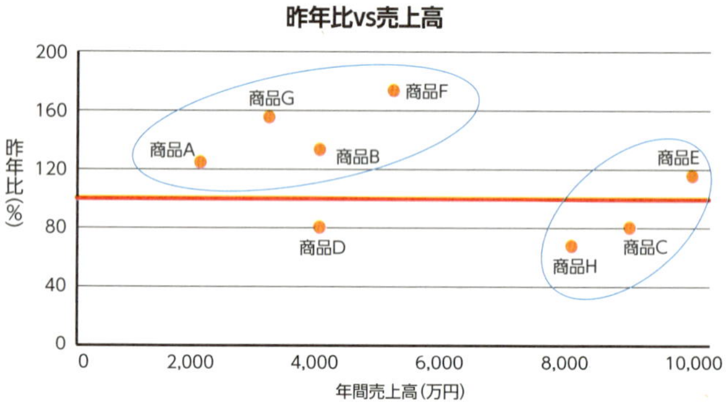

縦軸に昨年比（昨年からの変化として“動”の情報）、横軸に年間売上高（“静”の情報）を取り、商品別に可視化しました。さらに、昨年比での増減を分ける線（昨年比100%）を加えました。

ここでは散布図の結果を、「昨年比」と「年間売上高」という“動”と“静”の視点でとらえていることに着目してください。

さらに商品を売上高の大小で2つのグループに分け、それぞれの昨年比と照らしあわせて考えてみました。

すると、商品A、B、F、Gは、年間売上高が比較的小さく、昨年比が大きくプラスとなっている伸び盛りの消費群といえそうです。つまり、さらに売上増が見込めるポテンシャルの大きい商品群なのです。

また、商品E、C、Hはすでに売上高が大きくなっており、成長という面からは伸び悩んでいるように見えます。特に商品HやCはなんらかの打ち手がないと、売上額の大きさから事業全体へのインパクトも大きく、深刻な問題児となりそうです。

いずれのグループにも属さない商品Dは、いまだ売上高は上がりきっていないものの、売上も下落しています。問題の要因を把握し、場合によっては早期撤退も視野に入れる必要があるかもしれません。

このように、“動”、“静”合わせ技で同じ商品を評価、比較することで、どちらか一方だけの視点よりも幅の広い評価ができるのです。たとえば、年間売上高の大小だけで評価すれば、いまだ売上の低い、商品A、B、D、F、Gすべてを改善の必要な注力商品と見なしてしまうかもしれません。先に述べたように、商品Dがほかと異なることは見えてこないでしょう。

以上、2軸の視点を用いた事例を紹介してきましたが、このほかにも多くの2軸の組み合わせが考えられます。個別の事例で使ったデータや指標はケースによって変わりますが、ここで紹介した縦軸と横軸の関係を決める着目点、視点は、多くのケースに汎用的に応用が効くと思います。

1軸の視点と2軸の視点、こうした具体的な事例を参考にすれば、ほかの多くのケースでも汎用的に応用がきくようになるから、がんばろうね!!
うん うん

そのほかにも“気のきいた”関係性が発見できれば、難しい統計手法や理論などを知らなくとも、それだけで驚くほど多くの示唆を得られることでしょう。

そこには、一定の汎用的な着目パターンに加え、分析者の発想力、創造力が必要です。多くのデータに触れ、多くの場数を踏むことで、これらのスキルはどんどん上達していくはずです。

たくさんのチャレンジをして、たくさんの発見を楽しんでほしいと思います。

どう？　統計理論や高度な分析ツールがなくても、データの見方や工夫の仕方さえできるようになれば、ビジネスシーンで役立てられることがわかったでしょう！
みなさんもいろいろなデータを使って、データ分析を楽しんでくださいね!!
がんばるぞー
おーっ

おわりに

難解な統計理論、日々発展を続ける高度な分析ツール。「これらに頼らなくても、こんなにも有効に情報を活用できる」ということをお伝えしたい、という強い思いを本書に込めました。

「データ分析を学ぶ」というと多くの人は、
「分析手法を修得」したり
「統計理論を勉強」したり、
「ツールを導入」しようとします。

ところが、「データを活かす」ことを目指すときの本質は、そのような表面的な手法とは違うところにある、という確信がありました。これは、私自身が組織のビジネスパーソンとして、多くの課題解決や社内変革に取り組んだ経験から、また、データ分析を武器とした課題解決家として多くのクライアントをサポートしている実績からも共通していえることです。

それはずばり「データリテラシー」そのものだといえます。

これは、高度な理論や分析ツールと関係ないものではなく、むしろこれらを有効に使いこなすための下地としても欠かせないものなのです。

では、本書で紹介した内容、レベルだけでは基本的すぎて使いものにならないのでしょうか。まったくそのようなことはありません。これらだけでも、相当幅広い一般業務、実務で圧倒的な威力を発揮するはずです。まさに第2部第2章で紹介した、2軸の視点による可視化、などは私が多くの課題解決や経営改革プロジェクトで使いまくった有効かつ強力な手法の1つです。これは相手にデータ分析の知識がなくても問題ありません。グローバルの環境で、言葉や文化が違う人に対するコミュニケーションとしてもきわめて有効です。

私がサポートしている多業種にわたるクライアント企業が共通して「データを有効に活用できない」という悩みを抱えています。活用できない本質的な理由はやり方を知らないことではなく、このリテラシーが十分に備わっていないからであることが多いのです。そのため、ここから入っていくことで、それまでデータにまったく手つかずだった人も、「データを操る」ためのポイントが見えてくるのです。そのポイントやエッセンスをできるかぎり可視化したものが本書です。

実は本人は意識していないかもしれませんが、データ分析の専門家と呼ばれる人も頭の中でこれらのポイントを実践し、その結果として多くの有効な示唆をデータから取りだしています。

この「リテラシー」を身につけ、身の周りのデータを使っていろいろな発見、情報が取りだせるようになったら、次のステップとして、一段レベルの高い分析手法や統計理論を学ぶことも、自分の武器を増やすという意味で悪くはありません。データを操る楽しさを感じていただけたら、ぜひチャレンジしてみてください。

本書は私の初めての新書としての本となりました。より幅広い読者に、より気軽に読んでいただき、「データ分析」の楽しさと威力に親しんでいただきたいと思っています。

本書を執筆するにあたり、この機会を与えていただいたSBクリエイティブの益田賢治編集長には厚く御礼申し上げます。また、いつものように元気とサポートをくれる妻明子、息子優基、娘朋佳にも「ありがとう」を送ります。

本書がサイエンス・アイ新書シリーズの1つとして、長くたくさんの方に愛していただけることを願います。

2016年3月　著者識

索引

サイエンス・アイ新書
ビジネスマン向けタイトル

図解・ベイズ統計
「超」入門
あいまいなデータから
未来を予測する技術
涌井貞美
サイエンス・アイ新書
オールカラー
SB Creative
会話形式だから
絶対わかる!
先生
落ちこぼれをださない
伝説のベイジアン
ケン
精神的に打たれ弱いが
彼女にはデレデレ
アヤ

SIS-294
数学

図解・ベイズ統計「超」入門

あいまいなデータから未来を予測する技術

涌井貞美 1,200円＋税

「ベイズ統計」は、最近、統計学やデータ解析の分野で名が知られるようになってきたテーマです。ベイズ統計が迷惑メールフィルターに応用されていることを知っている人もいるでしょう。ベイズ統計は「確率論」をベースにし、「融通がきく」「経験を生かせる」という2つの大きな特長があります。本書ではベイズ統計のキホンから、ベイズ統計を従来の統計学と融合し、ベイズ統計で正規分布データをあつかう方法まで解説します。

SIS-341

科学

マンガでわかる 金融と投資の基礎知識

読めば得する！
お金のしくみと財テクの心得

田渕直也 1,100円＋税

本書は、誰もが知っておくべき金融の基礎知識を体系的にまとめ、予備知識がなくても理解できるように、図やマンガを使って解説しました。金融の基本的なしくみを理解し、投資などの金融取引にともなうリスクを的確に把握して、金融に関する課題を自分自身で考え、みずからの責任で行動する能力を強力にサポートします。この1冊であなたの金融リテラシーを確実にアップさせ、よりよい生活・人生を贈るためにご活用ください。

サイエンス・アイ新書
ビジネスマン向けタイトル

マンガでわかる
行動経済学
いつも同じ店で食事をしてしまうのは?
なぜギャンブラーは自信満々なのか?
ポーポー・ポロダクション
science-i
サイエンス・アイ新書
オールカラー
SB Creative
おもしろくてカンタン
人の心で動く
経済の話
選択肢が多いと
人は選ばなくなる?
BGMのテンポが
ゆっくりだと
売り上げが増えるって?

SIS-319
心理

マンガでわかる
行動経済学

いつも同じ店で食事をしてしまうのは？
なぜギャンブラーは自信満々なのか？

ポーポー・ポロダクション 1,000円＋税

自分では冷静かつ理論的に行動しているつもりでも、実は感情的に動いていて、知らず知らずのうちに財布のヒモをほどいていることがあるので。本書では感情的に動く経済の話、行動経済学について具体的な事例を多数紹介しながら、マンガでわかりやすく解説します。損をしたくないヒト、必見です!!

SIS-265

論理

論理的に読む技術

文章の中身を理解する
"読解力"強化の必須スキル!

福澤一吉 952円+税

書籍やレポートを読むことが、「書き方」のトレーニングにつながることはご存じでしょう。本書は、日本人があまり得意としていない論理的な読解力のスキルアップを目的に、論証図とパラグラフ構造への書き換えを利用して「書くように読む」方法を提案します。これをマスターすれば、新聞の社説や雑誌の記事の"質"が、手に取るようにわかってきます。ぜひ演習問題で腕試しをしてください。

サイエンス・アイ新書
ビジネスマン向けタイトル

SIS-220
論理

論理的に考える技術＜新版＞

「思考する力」は構想と発想、
そして接続詞の理解で驚くほど伸びる！

村山涼一　952円＋税

成熟市場や寡占市場が多くなり、新奇性のある商品をつくるのが難しい昨今では、これまで以上に「思考する力」を伸ばす必要がある。そこで本書では、ロジカル・シンキングやラテラル・シンキング、インテグレーティブ・シンキングの3つのすぐれた思考法を、もっと具体的に、使いやすくするための方法を紹介していく。繰り返し読んで、この技術を身につけよう。

サイエンス・アイ新書
ビジネスマン向けタイトル

SIS-155

論理

論理的に話す技術

相手にわかりやすく説明する極意

山本昭生/著、福田 健/監修 952円＋税

日常生活で「あの人の話はわかりにくい……」と思うことは多いものです。しかしあなたが過去に、「論理的な話し方」を習ったことがなければ、自分の話し方も相手に「わかりにくい説明だな……」と思われているかもしれません。そこで本書では、どんな人でも、論理的でわかりやすい話し方ができるようになる方法を、楽しいイラストと図解で説明していきます。理系・文系を問わず、全社会人・全学生必読の一冊です！

SIS-103

論理

論理的にプレゼンする技術

聴き手の記憶に残る話し方の極意

平林 純　952円＋税

理系、文系を問わず、ビジネスシーンではプレゼンを避けて通れません。わかりやすいプレゼン術は全社会人の必須スキルといえます。本書では、「そもそもよいプレゼンとはなにか？」といった基礎のキソから、発表に臨む際の心構え、事前準備から、発表シナリオのつくり方、発表中の正しい振る舞い、パワーポイントの効果的な使い方、聞き手を飽きさせない技術、質疑応答のじょうずな方法まで解説していきます。

サイエンス・アイ新書
ビジネスマン向けタイトル

マンガでわかる
ストレス対処法
原因がわかれば
解決策はおのずと見えてくる!!
野口哲典
science i
サイエンス・アイ新書
オールカラー
SB Creative
↓1つでも当てはまればいますぐ読もう!!
□仕事の能率が落ち、ミスが増えた
□食欲がない or 食べすぎが多い
□衝動買いが多くなった
慢性
急性
ストレス
ストレス

SIS-339

人体

マンガでわかる ストレス対処法

原因がわかれば解決策は
おのずと見えてくる!!

野口哲典 1,000円＋税

うつ病や性機能障害などさまざまな現代病の原因がストレスにあることは、あえていうまでもないでしょう。とはいえ、ストレスをバネに立派な実績を残しているビジネスマンやアスリートが数多くいるのも事実です。本書ではストレスのメカニズムを解説するとともに、すぐにできるストレスをバネに変えるための効果的な対処法を紹介していきます。

サイエンス・アイ新書 発刊のことば

science·i

「科学の世紀」の羅針盤

20世紀に生まれた広域ネットワークとコンピュータサイエンスによって、科学技術は目を見張るほど発展し、高度情報化社会が訪れました。いまや科学は私たちの暮らしに身近なものとなり、それなくしては成り立たないほど強い影響力を持っているといえるでしょう。

『サイエンス・アイ新書』は、この「科学の世紀」と呼ぶにふさわしい21世紀の羅針盤を目指して創刊しました。情報通信と科学分野における革新的な発明や発見を誰にでも理解できるように、基本の原理や仕組みのところから図解を交えてわかりやすく解説します。科学技術に関心のある高校生や大学生、社会人にとって、サイエンス・アイ新書は科学的な視点で物事をとらえる機会になるだけでなく、論理的な思考法を学ぶ機会にもなることでしょう。もちろん、宇宙の歴史から生物の遺伝子の働きまで、複雑な自然科学の謎も単純な法則で明快に理解できるようになります。

一般教養を高めることはもちろん、科学の世界へ飛び立つためのガイドとしてサイエンス・アイ新書シリーズを役立てていただければ、それに勝る喜びはありません。21世紀を賢く生きるための科学の力をサイエンス・アイ新書で培っていただけると信じています。

2006年10月

※サイエンス・アイ（Science i）は、21世紀の科学を支える情報（Information）、知識（Intelligence）、革新（Innovation）を表現する「ｉ」からネーミングされています。

SB Creative

science·i

サイエンス・アイ新書

SIS-353

http://sciencei.sbcr.jp/

統計学《とうけいがく》に頼《たよ》らない
データ分析《ぶんせき》「超《ちょう》」入門《にゅうもん》

ポイントは「データの見方《みかた》」と
「目的《もくてき》・仮説思考《かせつしこう》」にあり！

2016年3月25日　初版第1刷発行

著　　者　柏木吉基《かしわぎよしき》
発 行 者　小川 淳
発 行 所　SBクリエイティブ株式会社
〒106-0032　東京都港区六本木2-4-5
編 集：科学書籍編集部
03(5549)1138
営 業：03(5549)1201
装丁・組版　株式会社エストール
印刷・製本　図書印刷株式会社

ISBN 978-4-7973-8549-6

SB Creative